Les cahiers **d'exercices** ASSiMiL®

Espagnol

LV2 **Collège 5e** LV2

Juan Córdoba

À propos de ce cahier

Tu découvres cette année une toute nouvelle matière : l'espagnol ! Cette première rencontre, il faut la réussir, et ce cahier est là pour t'y aider. Calé sur le programme de la classe de 5e, il va te permettre de revoir systématiquement l'ensemble de ce que tu travailles en cours avec ton professeur.

Il se compose de 6 modules : un module 0 consacré à la prononciation et à l'orthographe ; et 5 modules organisés pour acquérir progressivement les bases de la communication en espagnol. Chaque module est un parcours : il s'ouvre avec une page d'objectifs clairement exposés et se termine par une page de bilan. Pour chaque exercice, en effet, tu auras dessiné un 🙂 pour une majorité de bonnes réponses, un 😐 pour environ la moitié, et un 🙁 pour moins de la moitié. Dans le bilan final, tu vas reporter tous ces résultats, t'auto-évaluer et voir précisément quels points tu as acquis et quels autres tu dois encore travailler.

Apprendre une langue, ce n'est pas seulement emmagasiner des règles. C'est savoir les utiliser, ensemble, pour réaliser des tâches pratiques. Chaque module t'offre donc aussi une situation concrète pour tester tes compétences : remplir une pièce d'identité, parler de ta famille, présenter ton emploi du temps, demander ton chemin ou faire une recette de cuisine.

L'espagnol, c'est enfin tout un ensemble de pays, de paysages, de climats et de modes de vie différents des nôtres, que ce cahier te présente, dans chaque module, à travers des pages de découverte culturelle.

C'est à toi maintenant ! **¿Vamos?**

Sommaire

Pronunciar el español

Objectifs

- **Connaître l'alphabet et épeler son prénom**
- **Prononcer les voyelles et les groupes de voyelles**
- **Les sons particuliers de l'espagnol :**
  - **la erre**
  - **la jota**
  - **la zeta**
- **La prononciation du g :**
  - devant **a**, **o** et **u**
  - devant **e** et **i**
  - dans les groupes **gue** et **gui**
- **L'orthographe :**
  - les groupes **ch** et **ll**
  - **la eñe**
  - les quatre consonnes qui peuvent être redoublées
- **L'accent tonique**
  - la place de l'accent tonique
  - le rôle de l'accent écrit

Module 0

Tu as déjà commencé, en classe, à prononcer l'espagnol. Tu as donc découvert des sons nouveaux et tu sais aussi qu'il y a un accent tonique qui fait « chanter » les mots. Avec l'aide de ton professeur, tu vas continuer à pratiquer. Ton cahier, lui, va te permettre de revoir les règles et de réfléchir tranquillement aux petites erreurs que tu fais peut-être...

L'alphabet espagnol

Voici l'alphabet espagnol avec le nom des lettres. Un fond clair te signale celles qui ont ou peuvent avoir une prononciation différente de celle du français. Nous allons voir tout ceci point par point.

Retiens déjà deux choses :

- les lettres sont féminines en espagnol ; on dit **la A**, le *A* ; **una O**, un *O*, etc.
- l'alphabet comprend 27 lettres, une de plus qu'en français. Lis-le et trouve laquelle !

A [a]	**B** [be]	**C** [ce]	**D** [de]	**E** [e]	**F** [efe]	**G** [ge]	**H** [hache]	**I** [i]
J [jota]	**K** [ka]	**L** [ele]	**M** [eme]	**N** [ene]	**Ñ** [eñe]	**O** [o]	**P** [pe]	**Q** [cu]
R [erre]	**S** [ese]	**T** [te]	**U** [u]	**V** [uve]	**W** [uve doble]	**X** [equis]	**Y** [i griega]	**Z** [zeta]

1 Ces élèves épellent leur prénom : écris-le dans l'étiquette posée devant eux.

2 Le professeur demande à ses élèves d'épeler leur prénom. Complète les bulles.

Enriqueta	Chabeli	Iñaki

3 Relis à nouveau l'alphabet puis, sans le consulter, épelle ton prénom.

Mon prénom est : ....

Il s'épelle ainsi : ....

Les voyelles

A, **I** et **O** se prononcent comme en français.
E se prononce [é].
U se prononce [ou].

En français, les combinaisons de voyelles donnent parfois un son nouveau : par exemple **a** + **u** = **au** (prononcé **o**). En espagnol, chaque voyelle garde sa propre prononciation, y compris le **y**, qui se prononce comme un **i** après une voyelle.

Exemples :

au [aou]	**ay** [aï]
eu [éou]	**ey** [éï]
oi [oï]	**oy** [oï]

4 **Voici quelques prénoms espagnols transcrits « à la française ». Réécris-les avec la bonne orthographe.**

a. [gouadaloupé] ....

b. [maïténa] ....

c. [néous] ....

5 **Exercice inverse : transcris entre crochets « à la française » ces prénoms espagnols.**

a. Paula ....

b. Eloy ....

c. Unai ....

Sons particuliers de l'espagnol : la erre

Le **r** espagnol, la **erre**, ne se prononce jamais comme en français. Il est toujours roulé :

- doucement roulé lorsqu'il se trouve au milieu ou en fin de mot. Nous le notons alors **[R]** : **Eduardo** [édouaRdo], **Pilar** [pilaR] ;
- fortement roulé, comme un roulement de tambour, lorsqu'il est en début de mot, ou lorsqu'il est écrit **rr**. Nous le notons alors [RR] : **Roberto** [RRobeRto], **Curro** [couRRo].

6 **Comment prononce-t-on le R dans les noms de pays suivants ? Coche la bonne case.**

	a	b	c	d	e	f	g
	Francia	**Rusia**	**Marruecos**	**Argelia**	**Rumanía**	**Portugal**	**Grecia**
[R]							
[RR]							

7 **Voici quelques-uns de tes objets scolaires quotidiens. Transcris leur prononciation entre crochets, en distinguant bien les deux façons de dire le r roulé.**

a. libro

[..........................]

b. cuaderno

[..............................]

c. rotulador

[....................................]

d. goma de borrar

[......................................]

e. bolígrafo

[..................................]

Sons particuliers de l'espagnol : la jota

Le son de la **jota**, si typique de l'espagnol, correspond à deux lettres :

- la **jota** elle-même, le **j** ;
- le **g** lorsqu'il précède un **i** ou un **e**.

Notons-le [H] :

Jaime [Haïmé]	**Julio** [Houlio]
Jerónimo [HéRonimo]	**Jorge** [HoRHé]
Jimena [Hiména]	**Gilberto** [HilbeRto]

Attention : le **g** devant **a**, **o** et **u** se prononce comme en français (gâteau, gorille, Gustave) :

Gala [gala] **Gorka** [goRka] **Gustavo** [goustabo]

Dans les groupes **gue** et **gui**, on prononce aussi comme en français (guerre, guitare). Ne fais surtout pas entendre le **u** !

Miguel [miguél] et non pas [migouél]	**Guillermo** [guilyeRmo] et non pas [gouilyerRmo]

8 **Sous chaque image se trouve, entre crochets, sa prononciation « à la française ». Coche la bonne orthographe !**

a. [HiRafa]
- Jirafa ☐
- Guirafa ☐
- Juirafa ☐

b. [aguila]
- Águila ☐
- Ágila ☐
- Ájila ☐

c. [goRila]
- Guorila ☐
- Gorila ☐
- Jorila ☐

d. [igouana]
- Igana ☐
- Ijuana ☐
- Iguana ☐

e. [abéHa]
- Abega ☐
- Abegua ☐
- Abeja ☐

f. [HagouaR]
- Gajuar ☐
- Jaguar ☐
- Jagar ☐

9 **Quel son le g prend-il dans ces noms de pays ? Coche la bonne case !**

	1. le son transcrit [H]	2. le son [gou + voyelle]	3. le son [g + voyelle]
a. Guatemala			
b. Guinea			
c. Bélgica			
d. Egipto			
e. Nicaragua			
f. Argentina			
g. Angola			
h. Portugal			
i. Uruguay			

Sons particuliers de l'espagnol : la zeta

La **zeta**, le **z**, se prononce comme le [th] anglais de *think*, le bout de la langue entre les dents. Nous noterons cette prononciation [TH]. C'est aussi celle du **c** lorsqu'il précède un **e** ou un **i** :

Ibiza [ibiTHa]
Amazonia [amaTHonia]
Venezuela [bénéTHouéla]
Barcelona [baRTHélona]
Valencia [balénTHia]

Le **s** espagnol, la **ese**, se prononce toujours comme dans *casser*, jamais comme dans *caser*. Nous le notons [SS]. Il n'est jamais muet, même en fin de mot :

Rusia [RRouSSia]
Estados Unidos [eSStadoSS ounidoSS]

10 Écris la prononciation de ces noms de villes et pays entre crochets, en la notant comme indiqué dans la leçon.

a. Francia [...]
b. Cuzco [...]
c. Suiza [...]
d. Brasil [...]
e. Buenos Aires [...]

Prononciation et orthographe

Il y a des lettres ou des groupes de lettres qui ne se prononcent pas comme en français.

lettres et groupes	prononciation	exemple et transcription
v	comme un [b] français	**voleibol** [boléïbol]
ch	[tch] comme dans *catch*	**chocolate** [tchocolaté]
ll	comme dans *million*	**paella** [paélya]
ñ (eñe)	comme [gn] en français	**español** [esspagnol]

Quant à l'orthographe espagnole, elle est assez simple. Les élèves français font toujours un peu les mêmes fautes, et tu peux facilement les éviter ! Retiens ceci :

- il n'y a que **quatre consonnes** qui peuvent se redoubler en espagnol : le **c**, le **r**, le **l** et le **n** (celles du prénom Caroline). Donc jamais bb, ni dd, ni ff, ni pp, etc. ;
- les groupes TH et PH n'existent pas ; on écrit **t** et **f** à la place : **teatro**, *théâtre* ; **filosofía**, *philosophie* ;
- l'**y** entre consonnes (par exemple « physique ») se prononce et s'écrit **i** : **física**.

11 Tu as bien retenu la leçon ? Alors coche la bonne orthographe de ces mots.

a. différent
- ☐ differente
- ☐ diferente
- ☐ diferentte

b. passager
- ☐ passagero
- ☐ pasaggero
- ☐ pasajero

c. addition
- ☐ adición
- ☐ addición
- ☐ addition

d. littérature
- ☐ litteratura
- ☐ literattura
- ☐ literatura

e. apprendre
- ☐ aprender
- ☐ apprender
- ☐ aprendder

f. communication
- ☐ communicación
- ☐ comunicación
- ☐ communicatión

12 La traduction de ces mots français a quelques trous… Complète-la !

a. mathématiques ma……emáticas

b. gymnastique g……mnasia

c. orthographe or……ogra……ía

d. photographe ……otógra……o

e. symphonie s……n……onía

L'accent tonique

En français, la voix tombe sur la fin des mots. En espagnol (comme en anglais, comme en italien), il y a un accent tonique, c'est-à-dire une syllabe que l'on prononce avec plus d'intensité, qui n'est pas forcément la dernière ! Compare, par exemple, la prononciation de ces mots.

à la française	en espagnol
Bilbao	**Bilbao**
Mexico	**México**
Méditerranée	**Mediterráneo**

Les mots terminés par une voyelle, un **-n** ou un **-s** ont l'accent tonique sur l'avant-dernière syllabe : **España**, **Honduras**, **Carmen**.

Les mots terminés par une consonne (sauf **-n** ou **-s**) ont l'accent tonique sur la dernière syllabe : **Vietnam**, **Senegal**, **Madrid**.

L'accent écrit (toujours aigu !) indique les exceptions ; il est donc toujours présent lorsqu'on doit marquer antépénultième syllabe (**África**, **América**) ou pour marquer l'exception (**Túnez**, **París**).

13 **Coche la case qui correspond à la prononciation de ces noms de villes. À chaque syllabe correspond une note et la plus haute représente la syllabe tonique.**

Lima	X				
Córdoba					
Santander					
Cádiz					
Ibiza					
Teruel					
Badajoz					
Medellín					
Santiago					
Quito					
Burgos					

14 Voici quelques noms de sportifs qui ont un accent tonique régulier. Observe bien la terminaison et coche la case correspondant à la syllabe tonique.

a. Gasol ☐ ☐
b. Muguruza ☐ ☐ ☐ ☐
c. Lorenzo ☐ ☐ ☐
d. Ferrer ☐ ☐
e. Alcaraz ☐ ☐ ☐

15 Inversement, dans ces noms de footballeurs, l'accent tonique n'est pas à sa place normale... Il va donc falloir l'écrire. À toi de jouer !

a. Perez b. Sanchez c. Gaya d. Valdes e. Simon

Bilan

	🙂	😐	☹️
L'alphabet espagnol			
1.	☐	☐	☐
2.	☐	☐	☐
3.	☐	☐	☐
Les voyelles			
4.	☐	☐	☐
5.	☐	☐	☐
Sons particuliers de l'espagnol : la erre			
6.	☐	☐	☐
7.	☐	☐	☐
Sons particuliers de l'espagnol : la jota			
8.	☐	☐	☐
9.	☐	☐	☐
Sons particuliers de l'espagnol : la zeta			
10.	☐	☐	☐
Prononciation et orthographe			
11.	☐	☐	☐
12.	☐	☐	☐
L'accent tonique			
13.	☐	☐	☐
14.	☐	☐	☐
15.	☐	☐	☐

¡Hola!

Objectifs

- **Tu vas apprendre à :**
  - Dire bonjour
  - Dire au revoir
  - Dire qui tu es
  - Poser des questions
  - Compter jusqu'à 20
  - Dire ton âge
  - Dire où tu habites
  - Dire ta nationalité
  - Dire les langues que tu sais
  - Construire des phrases
- **Pour cela, tu vas maîtriser :**
  - L'usage des pronoms personnels sujets
  - Les articles définis et indéfinis au singulier
  - Les verbes **ser** et **llamarse** aux trois premières personnes du présent
  - Le présent de l'indicatif des trois modèles réguliers
  - Le masculin et le féminin des adjectifs
  - Les adjectifs de nationalité
  - Les outils de la phrase interrogative
  - La phrase négative
  - Deux conjonctions de coordination : **y** et **pero**
- **Tu seras aussi capable de :**
  - Remplir un document d'identité
- **Et tu vas découvrir :**
  - La diversité de l'Espagne

Module 1

Dire bonjour

Pour saluer, le plus simple est de dire **Hola** : c'est un peu comme notre *Salut*, mais les Espagnols sont assez directs et on l'utilise donc très fréquemment.

Selon le moment de la journée, tu peux aussi dire :

- **Buenos días**, *Bonjour*
- **Buenas tardes** (mot à mot « *bonnes après-midi* »), en général après le déjeuner
- **Buenas noches** (mot à mot « *bonnes nuits* »), après le coucher du soleil. C'est donc l'équivalent à la fois de *bonsoir* et de *bonne nuit*, quand on va se coucher.

1 **Voici différentes étapes du déroulement de la journée. Imagine que tu dois saluer à ces moments-là et écris sous chaque dessin la salutation qui correspond.**

07 H 30

a. ....

14 H 00

b. ....

21 H 00

c. ....

22 H 30

d. ....

Dire au revoir

Adiós s'emploie de deux façons. Il peut servir, comme en français *Adieu*, si tu ne vas plus revoir la personne, mais, la plupart du temps, il signifie simplement *Au revoir*. Dans ce cas-là, tu peux aussi dire **Hasta luego**.
Hasta pronto est plus précis : c'est *À bientôt*. Et **Hasta mañana** signifie *À demain*.

2 **Voici trois scènes de séparation et, au-dessous, des formules d'adieu. Coche celle ou celles qui peuvent convenir à chaque situation.**

a. ☐ Adiós.
☐ Hasta mañana.
☐ Hasta pronto.

b. ☐ Adiós.
☐ Hasta luego.
☐ Hasta pronto.

c. ☐ Adiós.
☐ Hasta luego.
☐ Hasta mañana.

Dire qui l'on est

Pour dire qui l'on est, on peut se servir du verbe **ser**, *être*, et aussi du verbe **llamarse**, *s'appeler*. Voyons-en les trois premières personnes.

ser	llamarse
(yo) soy, *je suis*	**(yo) me llamo**, *je m'appelle*
(tú) eres, *tu es*	**(tú) te llamas**, *tu t'appelles*
(él / ella) es, *il / elle est*	**(él / ella) se llama**, *il / elle s'appelle*

Comme tu le remarques, le pronom personnel sujet (je, tu, il / elle) est entre parenthèses. Il n'est pas indispensable en espagnol. On ne l'utilise que pour insister :

Soy español, *Je suis espagnol.* / **Yo soy español**, *Moi, je suis espagnol.*

Te llamas Juan, *Tu t'appelles Juan.* / **Tú te llamas Juan**, *Toi, tu t'appelles Juan.*

Es francesa, *Elle est française.* / **Ella es francesa**, *Elle, elle est française.*

Ella es española y él es francés, *Elle, elle est espagnole et lui, il est français.*

3 Complète ces trois présentations.

Nationalités

francés	*français*
francesa	*française*
español	*espagnol*
española	*espagnole*
y	*et*

a. Hola, me .... Marta.

b. .... española.

c. Se .... Jean.

d. .... francés.

e. .... llamas Florence.

f. .... francesa.

Poser des questions

Quand on pose une question en espagnol, on utilise une double ponctuation, un point d'interrogation à l'envers au début de la phrase et un point d'interrogation normal à la fin :
¿Cómo te llamas?, *Comment t'appelles-tu ?*
¿Cuál es tu nombre?, *Quel est ton prénom ?*
¿Cuál es tu apellido?, *Quel est ton nom de famille ?*

Remarque importante : les mots interrogatifs ont un accent écrit.
Pour répondre, retiens les deux autres possessifs :
Mi nombre es..., *Mon prénom est...*
Su apellido es..., *Son nom de famille est...*

4 **Plutôt nom de famille ou plutôt prénom ? Coche les bonnes cases.**

	nombre	apellido
a. García		
b. Pablo		
c. López		
d. María		
e. Iglesias		
f. Martínez		
g. Teresa		
h. José		
i. Ruiz		
j. Carmen		

Questions d'identité

el nombre	*le prénom*
el apellido	*le nom de famille*
¿Cómo?	*Comment ?*
¿Cuál?	*Quel ?*

5 **Pose les questions qui correspondent à ces réponses.**

a. Me llamo Miguel.

b. Mi nombre es Isabel.

c. Su apellido es Pérez.

d. Se llama Luisa.

Compter jusqu'à 20

Attention à bien prononcer : par exemple ne confonds pas 2, **dos** [doSS] avec 12, **doce** [doTHé] ; ou 3, **tres** [tReSS] avec 13, **trece** [tRéTHé].

0	1	2	3	4	5	6	7
cero	uno	dos	tres	cuatro	cinco	seis	siete
8	9	10	11	12	13	14	15
ocho	nueve	diez	once	doce	trece	catorce	quince
16	17	18	19	20			
dieciséis	diecisiete	dieciocho	diecinueve	veinte			

6 Écris pour chaque fiche de domino la valeur de ses points.

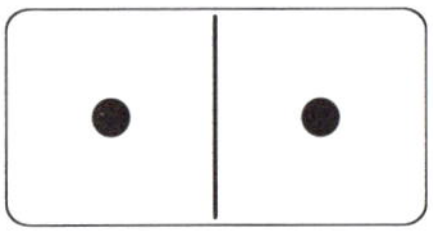

a. ....

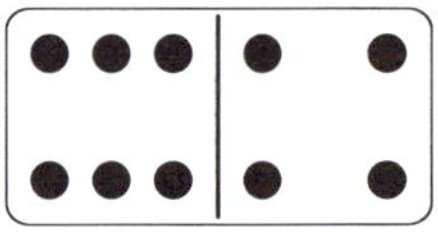

b. ....

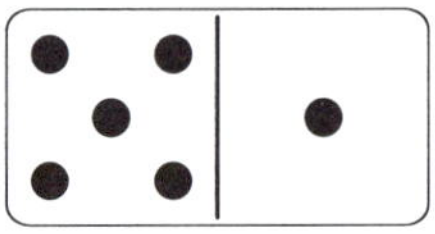

c. ....

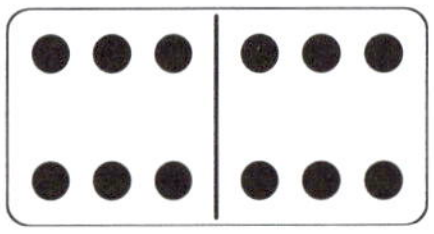

d. ....

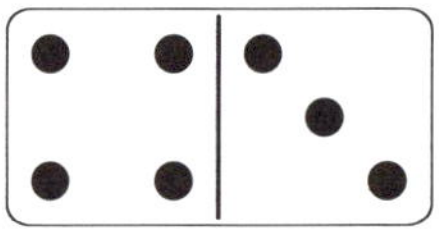

e. ....

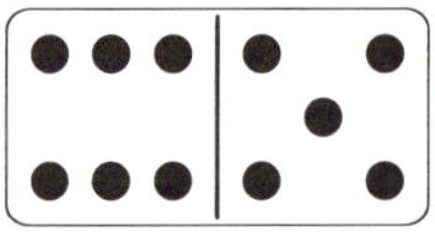

f. ....

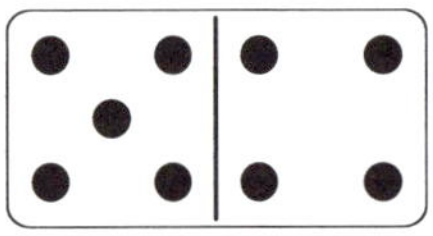

g. ....

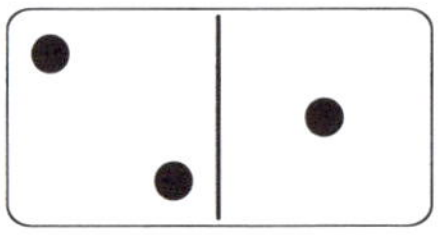

h. ....

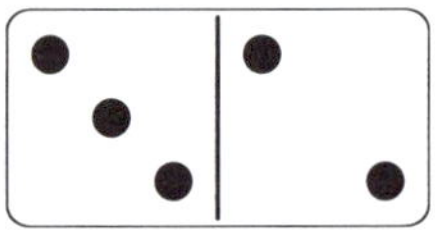

i. ....

7 **Le jeu de cartes espagnol est différent du français : au lieu de cœur, carreau, pique et trèfle, on a oros, *ors*, copas, *coupes*, espadas, *épées* et bastos, *bâtons*. Il y a aussi la sota, *le valet*, el caballo, *le cheval*, qui correspond à la dame, et el rey, *le roi*. Sur le modèle donné, complète les phrases (identifie les cartes et donne la valeur numérique de leur somme).**

El uno y **el rey de bastos** suman **trece** puntos. *L'as [le un] et le roi de bâtons font treize points.*

a. El .... y el .... de .... suman .... puntos.

b. La .... y el .... de .... suman .... puntos.

c. El .... y el .... de .... suman .... puntos.

Dire son âge

Tu peux poser la question de deux manières :
¿Qué edad tienes?, *Quel âge as-tu ?*
¿Cuántos años tienes?, mot à mot « *Combien d'années as-tu ?* »

Tu répondras par exemple :
Tengo doce años, *J'ai 12 ans.*
Tu as donc besoin de conjuguer le verbe **tener**, *avoir*, dont voici les trois premières personnes :
(yo) **tengo**, *j'ai*
(tú) **tienes**, *tu as*
(él / ella) **tiene**, *il / elle a*

Questions sur l'âge

la edad	*l'âge*
el año	*l'an*
los años	*les ans*
¿Cuántos?	*Combien de* (+ nom masculin pluriel)
¿Qué?	*Quel ?*

8 Complète ces phrases, en écrivant en toutes lettres l'âge indiqué.

¿Cuántos .... Juana?

¿Qué .... tienes?

Juana ....
.... [16]

....
.... [14]

9 Pose la question correspondant à la réponse.

a. ¿ .... ?
El rey de España tiene 56 años.

b. ¿ .... ?
Mi caballo tiene veinte años.

10 Traduis ces phrases, en écrivant les chiffres en toutes lettres.

a. Lui, il a 18 ans. Et elle, quel âge a-t-elle ?

....

b. Moi, j'ai 17 ans. Et toi, quel âge as-tu ?

....

Dire où l'on habite

- Pour demander à quelqu'un où il habite, la question la plus simple est : **¿Dónde vives?**, *Où vis-tu ? / Où habites-tu ?*

Il s'agit du verbe **vivir**, qui sert souvent de modèle aux verbes réguliers du 3e groupe, les verbes en **-ir**. Apprends déjà ses trois premières personnes :

(yo) **vivo**, *je vis*
(tú) **vives**, *tu vis*
(él / ella) **vive**, *il / elle vit*

- Retiens bien une chose : après **vivir**, tu utiliseras la préposition **en**, alors qu'en français tu peux te servir de « en », de « à » ou de « dans ».

Vivo en Francia, *Je vis en France.*
Vivo en París, *Je vis à Paris.*
Vivo en un pueblo, *Je vis dans un village.*

- Tu peux donner des précisions, et utiliser pour cela des articles et des adjectifs.
  - Les articles définis sont **el**, *le* et **la**, *la* : **el pueblo**, *le village* ; **la ciudad**, *la ville.*
  - Les articles indéfinis sont **un**, *un* et **una**, *une* : **un pueblo**, *un village* ; **una ciudad**, *une ville.*
  - Les adjectifs terminés en **-o** ont un **féminin** en **-a** : **pequeño**, *petit* ; **pequeña**, *petite.*
  - Les adjectifs terminés par une **autre voyelle** sont **invariables** : **grande**, *grand / grande.*

Le lieu de résidence

¿Dónde?	*Où ?*
vivir	*vivre, habiter*
la ciudad	*la ville*
el pueblo	*le village*
grande	*grand, grande*
pequeño/-a	*petit, petite*
mediano/-a	*moyen, moyenne*

11 **Manuel dit où il habite : complète les deux phrases.**

a. .... Madrid.

b. Madrid es .... grande.

12 Dis où habite Carmen, en deux phrases comme dans l'exercice précédent.

a. Carmen ....

b. .... es ....

13 Complète ce dialogue avec María.

a. Hola, María,
¿ .... ?

b. ....
....
....

c. ¿Cómo es
tu ciudad?

d. Es ....
....

Dire sa nationalité

• Pour demander à une personne sa nationalité, la question courante est **¿De dónde eres?**, mot à mot *D'où es-tu ?* On utilise, pour répondre, un adjectif de nationalité : **Soy español**, *Je suis espagnol.*

• Les adjectifs de nationalité qui se terminent en **-o** font leur féminin en **-a** : **mexicano**, *mexicain* ; **mexicana**, *mexicaine.*

Ceux qui se terminent par une autre voyelle ont la même forme aux deux genres : **belga**, *belge* (m. et f.) ; **canadiense**, *canadien / canadienne* ; **marroquí**, *marocain / marocaine.*

Lorsque l'adjectif se termine par une consonne, on ajoute le **-a** : **francés**, *français* ; **francesa**, *française.* Remarque : dans ces cas, l'accent tonique est écrit au masculin, mais disparaît au féminin (voir la règle dans le module 0).

• Les noms de pays ne prennent pas l'article comme en français : **España**, *l'Espagne* ; **Francia**, *la France.* La préposition **en** te sert à nouveau ici, si tu veux dire ton lieu de naissance : **Nací en Francia, en Portugal, en Marruecos**, *Je suis né / née en France, au Portugal, au Maroc.*

14 Relie, comme dans l'exemple, les deux parties de chaque adjectif de nationalité (au masculin singulier), puis associe-le au pays correspondant.

ale	no	Italia
arge	gués	Túnez
came	glés	Argelia
chi	namita	Estados Unidos
estado	cino	Portugal
in	runés	Inglaterra
ita	lino	Vietnam
portu	mán	Camerún
tune	liano	Alemania
viet	unidense	China

15 Chaque personnage dit la ville où il réside ; complète sa présentation en indiquant sa nationalité.

a. Soy de Yaundé. Soy ....

b. Soy de Hanói. Soy ....

c. Soy de Roma. Soy ....

d. Soy de Nueva York. Soy ....

16 Écris dans la bulle centrale la question que tu vas poser aux personnages pour savoir leur nationalité. Identifie les drapeaux et rédige les réponses qu'ils vont donner.

a. ....

b. ....

c. ....

d. ....

17 Traduis ces phrases.

a. Je suis née à Paris et je suis française.

....

b. Es-tu marocaine ?

....

c. Il est belge.

....

d. Moi, je suis portugais et elle, elle est tunisienne.

....

e. Toi, tu es anglaise, et lui, il est français.

....

Dire les langues que l'on sait

Tu peux poser la question de deux façons :
¿Cuántos idiomas hablas?, *Combien de langues parles-tu ?*
¿Qué idiomas hablas?, *Quelles langues parles-tu ?*

Observe donc que **idioma**, bien qu'il finisse en **-a**, est un mot masculin : **el idioma**, *la langue* ; **los idiomas**, *les langues.*

Voici trois verbes qui servent de modèles aux conjugaisons régulières : **hablar**, *parler* (verbes en **-ar**) ; **leer**, *lire* (verbes en **-er**) ; **escribir**, *écrire* (verbes en **-ir**). Nous te donnons maintenant la conjugaison complète.

	hablar	**leer**	**escribir**
(yo)	**hablo** *je parle*	**leo** *je lis*	**escribo** *j'écris*
(tú)	**hablas** *tu parles*	**lees** *tu lis*	**escribes** *tu écris*
(él / ella)	**habla** *il / elle parle*	**lee** *il / elle lit*	**escribe** *il / elle écrit*
(nosotros, nosotras)	**hablamos** *nous parlons*	**leemos** *nous lisons*	**escribimos** *nous écrivons*
(vosotros, vosotras)	**habláis** *vous parlez*	**leéis** *vous lisez*	**escribís** *vous écrivez*
(ellos, ellas)	**hablan** *ils / elles parlent*	**leen** *ils lisent*	**escriben** *ils / elles écrivent*

18 **Complète les formes verbales en mettant chaque élément à sa place dans le tableau.**

				a	s		
					é	i	s
e	s	c	r	i	b		
						í	s
l	e						
	h	a	b	l			
				l	e		
h	a	b	l				

e	n

e	m	o	s

a	n

a	m	o	s

h	a	b	l

o

l	e

e	s	c	r	i	b

19 Traduis ces mini-dialogues.

a. Combien de langues lisez-vous ? ....

b. Nous lisons l'anglais et le portugais. ....

c. Quelles langues écris-tu ? ....

d. J'écris le français et l'espagnol. ....

e. Quelle langue parlent-ils ? ....

f. Ils parlent chinois. ....

Construire des phrases

Tu vas maintenant pouvoir commencer à faire des phrases plus complexes : affirmatives, négatives et avec plusieurs propositions coordonnées.

Oui et non

Sí signifie *oui* et **no**, employé tout seul, veut dire *non* :
¿Eres francesa?, *Tu es française ?* / **Sí**, *Oui.*
¿Vives en España?, *Tu habites en Espagne ?* / **No**, *Non.*

La phrase négative

Devant un verbe conjugué, **no** signifie *ne pas* : **No hablo vietnamita**, *Je ne parle pas vietnamien.* Tu peux bien sûr aussi commencer la phrase négative par **no**, *non* ; dans ce cas, tu mettras une virgule à la suite.
¿Hablas vietnamita?, *Parles-tu vietnamien ?* / **No, no hablo vietnamita**, *Non, je ne parle pas vietnamien.*

Les coordinations

Tu as déjà vu **y**, *et* ; tu peux l'enrichir en ajoutant **también**, *aussi.*
Pour marquer une opposition, utilise **pero**, *mais.*
¿Hablas francés?, *Parles-tu français ?* / **Sí, hablo francés y también español**, *Oui, je parle français et aussi espagnol.*
¿Hablas árabe?, *Parles-tu arabe ?* / **Lo hablo, pero no lo escribo**, *Je le parle, mais je ne l'écris pas.*

20 **Réponds aux questions en ton propre nom, avec une phrase complète, en commençant par « Sí, ... » ou « No, ... »**

a. ¿Vives en Francia? ....

b. ¿Eres de París? ....

c. ¿Tienes doce años? ....

d. ¿Te llamas Pablo? ....

21 **Ces personnages disent leurs compétences (parler : , lire : , écrire :) en espagnol et en arabe. Rédige les phrases qui correspondent en utilisant les mots de liaison *y también* et *pero no*, comme dans les exemples de la leçon.**

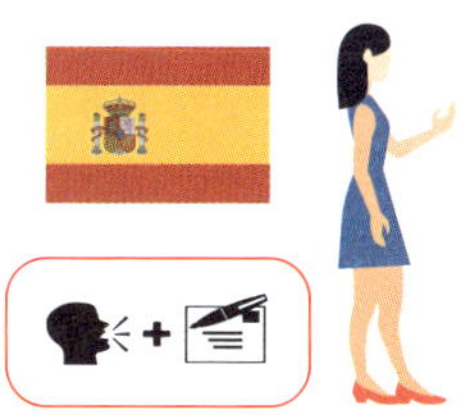

a. ....

....

b. ....

....

22 **Même exercice, mais cette fois il y a deux personnages qui parlent de leurs compétences en anglais et en chinois.**

a. ....

....

b. ....

....

TÂCHE PRATIQUE : REMPLIR UN DOCUMENT D'IDENTITÉ

Le nom de famille

En Espagne et en Amérique latine, le nom de famille est double : chacun porte habituellement le nom du père (**el apellido del padre**) suivi de celui de la mère (**el apellido de la madre**). C'est ainsi en tout cas sur les documents officiels.

Assez souvent, on n'utilise qu'un des deux **apellidos** au quotidien, en général le premier, celui du père, mais pas toujours ! Le célèbre peintre Picasso, par exemple, qui s'appelait Ruiz Picasso, avait choisi d'utiliser le nom de sa mère. Depuis 2017, l'ordre des **apellidos** n'est d'ailleurs plus automatique et dépend du choix des parents.

Adresse

Pour écrire l'adresse, les Espagnols placent généralement le numéro après le nom de la rue : **Calle Serrano, 14**, 14, rue Serrano. Dans un courrier ou document officiel, **calle** est souvent abrégé en C/ : **C/ Serrano 14**.

Adresse et identité

el padre	*le père*
la madre	*la mère*
el hijo	*le fils*
la hija	*la fille*
la dirección	*l'adresse*
la calle	*la rue*
el número	*le numéro*
la mujer	*la femme*
el hombre	*l'homme*

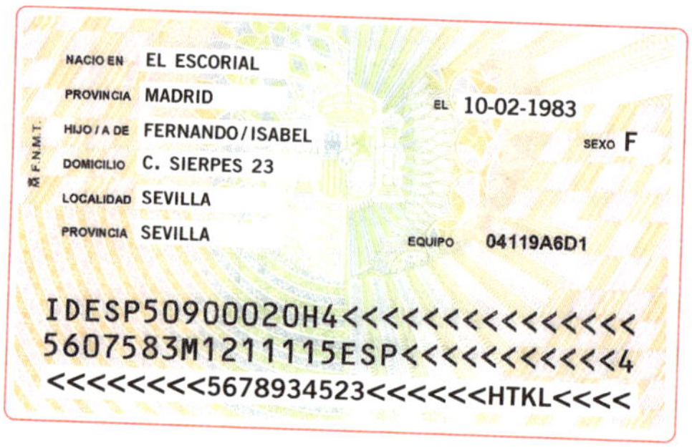

23 **Observe ce *DNI, Documento Nacional de Identidad*, la carte d'identité espagnole, et réponds aux questions.**

a. ¿Cuál es el nombre de la mujer?

....

b. ¿Cuáles son sus apellidos?

....

c. ¿Dónde vive?

....

d. ¿De qué ciudad es?

....

e. ¿Cómo se llama su madre (nombre y primer apellido)?

....

f. ¿Cómo se llama su padre (nombre y primer apellido)?

....

24 **Maintenant fais l'exercice inverse : remplis le DNI de ce garçon à partir des renseignements qu'il te donne.**

Mi nombre es Alejandro.
Mi padre se llama Pedro Salinas Pérez y mi madre María Grandes García.
Nací en Benidorm, provincia de Alicante, el 25 de febrero de 2006.
Vivo en Barcelona, en el número 15 de la calle Escudillers.

DÉCOUVERTE CULTURELLE : LA DIVERSITÉ DE L'ESPAGNE

L'Espagne est une monarchie constitutionnelle qui a pour roi Felipe VI. Elle a une superficie de 505 000 km^2, pratiquement la même que celle de la France, mais elle est moins peuplée (47 millions d'habitants). Elle s'organise en dix-sept communautés autonomes, qui ont de grands pouvoirs, une personnalité marquée et dans certains cas même une langue propre.

En dehors de **el español**, *l'espagnol* (aussi appelé **el castellano**, *le castillan*), qui est la langue nationale parlée partout, l'Espagne reconnaît en effet d'autres langues, à égalité avec l'espagnol dans les régions concernées. Ce sont :

- **el catalán**, *le catalan*, parlé en **Cataluña**, *la Catalogne*, **Baleares**, *les Baléares*, et **Comunidad valenciana**, *la communauté valencienne* ;
- **el euskera**, *le basque*, parlé au **País vasco**, *le Pays basque*, et en **Navarra**, *la Navarre* ;
- **el gallego**, *le galicien*, parlé en **Galicia**, *la Galice*.

À la page suivante, tu as une carte d'Espagne avec le nom des 17 Communautés autonomes (lettres rouges) et de leur capitale (carré rouge), ainsi que celui des provinces qui les composent (point rouge).

FRANCIA
ANDORRA
PORTUGAL
MARRUECOS
ARGELIA
GIBRALTAR (UK)
Mar Mediterráneo
Océano Atlántico
Océano Atlántico
GALICIA
A Coruña
Santiago de Compostela
Lugo
Ourense
Pontevedra
ASTURIAS
Oviedo
CANTABRIA
Santander
PAÍS VASCO (EUSKADI)
Bilbao (Bilbo)
San Sebastián (Donostia)
Vitoria (Gasteiz)
NAVARRA
Pamplona (Iruña)
LA RIOJA
Logroño
CASTILLA Y LEÓN
León
Palencia
Burgos
Valladolid
Zamora
Salamanca
Ávila
Segovia
Soria
ARAGÓN
Huesca
Zaragoza
Teruel
CATALUNYA
Lleida
Girona
Barcelona
Tarragona
MADRID
MADRID
Guadalajara
CASTILLA-LA-MANCHA
Toledo
Cuenca
Ciudad Real
Albacete
COM. VALENCIANA
Castelló de la Plana
València
Alicante (Alacant)
MURCIA
Murcia
EXTREMADURA
Cáceres
Mérida
Badajoz
ANDALUCÍA
Huelva
Sevilla
Cádiz
Córdoba
Jaén
Granada
Málaga
Almería
Ceuta
Melilla
ILLES BALEARS
Menorca
Mallorca
Palma
Eivissa
Formentera
ISLAS CANARIAS
Lanzarote
Fuerteventura
Gran Canaria
Las Palmas
Santa Cruz de Tenerife
Tenerife
La Gomera
La Palma
El Hierro

25 Voici une carte d'Espagne, avec le tracé des communautés autonomes et un point pour quelques grandes villes ou capitales régionales. Essaye de les placer (sans consulter la page précédente !) puis vérifie la réponse et évalue-toi !

BARCELONA PALMA SANTIAGO DE COMPOSTELA

SEVILLA VALENCIA MADRID BILBAO

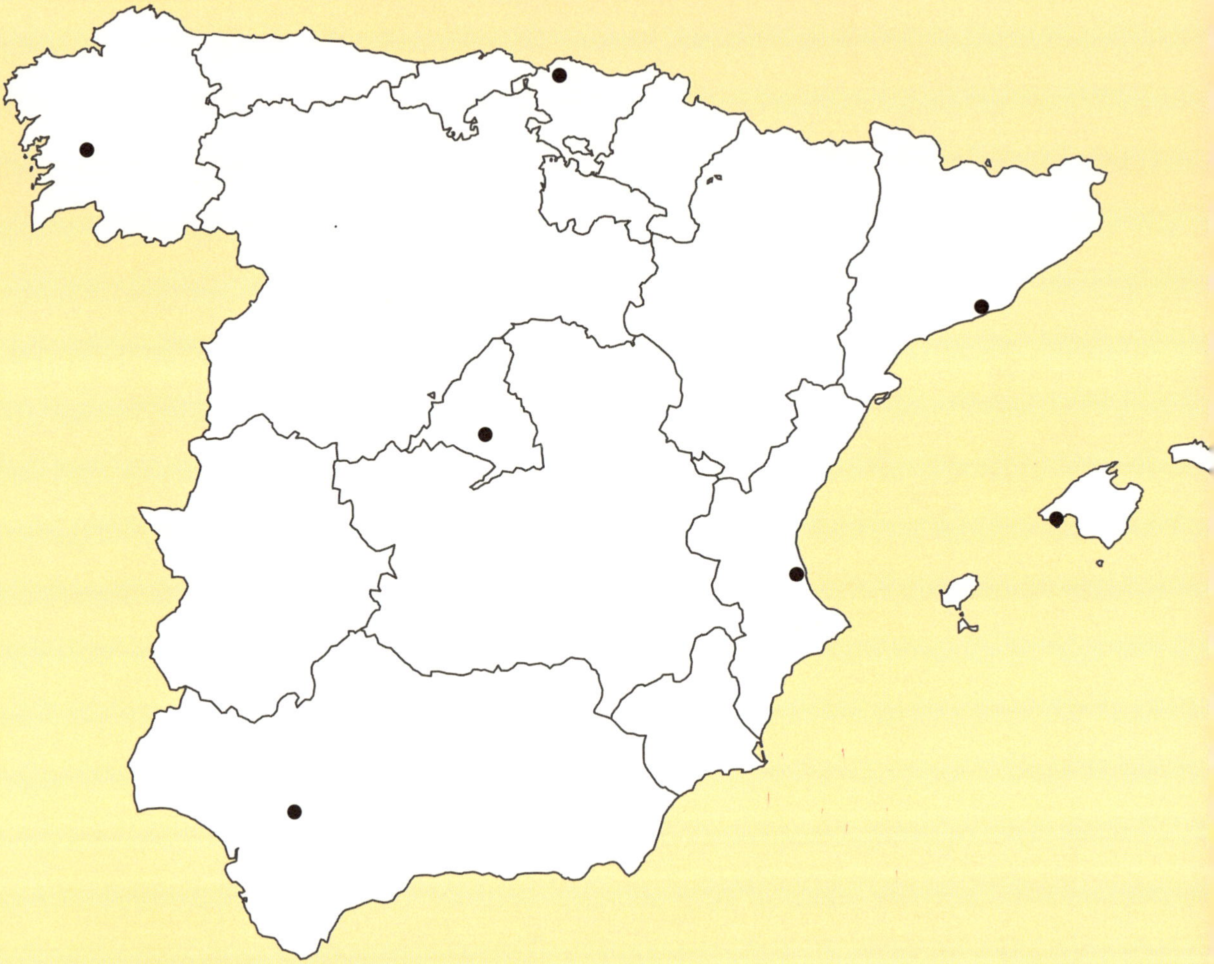

26 Colorie :

- en orange les communautés où on parle aussi le **catalan** ;
- en vert celles où l'on parle aussi le **basque** ;
- en bleu celle où l'on parle le **galicien**.

27 **Comme tu l'as vu dans la leçon, les Espagnols sont très attachés à leur communauté autonome et à leur identité régionale ou locale : si tu demandes à quelqu'un d'où il est, il te répondra sans doute en parlant de sa ville (ou de son village) et de sa région. Par exemple : *Soy de Oviedo, soy asturiano*, Je suis d'Oviedo, je suis asturien. Complète ces échanges.**

a. ¿De .... eres?

b. .... Sevilla.

c. .... andaluz.

d. ¿........................ gallega?

e. No, no ....

f. .... Bilbao, soy ....

Adjectifs régionaux

andaluz/-a	*andalou(se)*
catalán, catalana	*catalan(e)*
gallego/-a	*galicien(ne)*
vasco/-a	*basque*
valenciano/-a	*valencien(ne)*
mallorquín, mallorquina	*majorquin(e)*

g. ¿De .... ?

h. Yo ....

i. .... Palma.

j. Y yo ....

k. .... Barcelona.

Bilan

Dire bonjour

1. ....

Dire au revoir

2. ....

Dire qui l'on est

3. ....

Poser des questions

4. ....
5. ....

Compter jusqu'à 20

6. ....
7. ....

Dire son âge

8. ....
9. ....
10. ....

Dire où l'on habite

11. ....
12. ....
13. ....

Dire sa nationalité

14. ....
15. ....
16. ....
17. ....

Dire les langues que l'on sait

18. ....
19. ....

Construire des phrases

20. ....
21. ....
22. ....

Tâche pratique

Remplir un document d'identité

23. ....
24. ....

Découverte culturelle

La diversité de l'Espagne

25. ....
26. ....
27. ....

¿Qué tal?

Objectifs

- **Tu vas apprendre à :**
  Dire comment tu vas
  Vouvoyer
  Identifier et présenter quelqu'un
  Décrire des personnes, les comparer
  Parler du caractère d'une personne
- **Pour cela, tu vas maîtriser :**
  La conjugaison des verbes **estar**, **tener** et **llevar**
  L'emploi du pronom personnel **usted**
  L'emploi des possessifs
  Le singulier et le pluriel : articles, noms et adjectifs
  Le pronom interrogatif **quién**, **quiénes**
  Le comparatif de supériorité, d'égalité et d'infériorité
  Des outils pour exprimer l'opposition : **mientras que**, **en cambio**
  Lexique : la vie au collège, le corps, les caractères
- **Tu seras aussi capable de :**
  Présenter la famille
- **Et tu vas découvrir :**
  L'espagnol dans le monde

Module 2

Dire comment on va

¿Qué tal? est la question abrégée pour demander à quelqu'un comment il va. Ce serait l'équivalent de *Ça va ?* ou *Comment ça va ?* Pour répondre, tu peux tout simplement utiliser un des mots donnés dans la boîte « *Aller bien, aller mal* ».
¿Qué tal?, *Comment ça va ?* / **Mal**, *Mal.*
Cette question peut aussi être accompagnée d'un verbe : le verbe **estar**, qui signifie *être* au sens de *se trouver* ou *aller* :
¿Qué tal estás?, *Comment vas-tu ?* / **Estoy mal**, *Je vais mal.*
Tu peux aussi demander **¿Cómo estás?**, il n'y a pas de différence.
Le verbe **estar** a plusieurs irrégularités : observe la 1re personne et les accents écrits, qui te disent où placer l'accent tonique.

estar
estoy
estás
está
estamos
estáis
están

Aller bien, aller mal

fenomenal	*super-bien*
muy bien	*très bien*
bien	*bien*
regular	*moyen*
mal	*mal*
muy mal	*très mal*
fatal	*horriblement mal*

1 **Comme tu le vois, toutes ces personnes vont mal, certaines plus que d'autres (observe la taille du nuage...) : complète les trois dialogues en utilisant des mots différents pour la réponse.**

a. ¿Qué .... ?

b. .... >
....

c. ¿Cómo .... ?

d. .... >
....

e. ¿ .... tal >

....

tu hijo?

< f. ....

....

2 **Même exercice, mais cette fois les personnages vont plutôt bien, et même très bien pour certains (observe la taille des soleils...).**

a. ¿Qué .... ?

V

b. .... >

....

e. ¿Qué .... ?

V

f. .... >

....

c. ¿Qué .... Ana y Pedro?

V

d. .... >

....

3 Traduis ces mini-dialogues.

a. Comment va ton fils ? ....

b. Il va très bien, et ma fille aussi. ....

c. Comment va son père ? ....

d. Il va moyen. ....

Vouvoyer

Jusqu'à présent, tu as tutoyé dans toutes les phrases, et le tutoiement est très fréquent en Espagne (même assez souvent entre élèves et professeur !). Mais il y a des moments où, bien sûr, on doit dire « vous » : par exemple avec une personne plus âgée que l'on ne connaît pas, ou dans certaines situations très formelles.

Pour dire « vous », imagine que tu parles au roi en français. Tu dirais, par exemple : *Votre Majesté va-t-elle bien ?* Tu utiliserais donc la 3e personne du verbe et une formule particulière (« Votre Majesté ») comme pronom personnel.

C'est comme ça que l'on fait en espagnol. Tu emploieras le pronom **usted** suivi du verbe à la 3e personne : **¿Está usted bien?**, *Vous allez bien ?*

4 Ces questions sont au tutoiement ; exprime-les au vouvoiement.

a. ¿Cómo estás? ....

b. ¿Cuántos años tienes? ....

c. ¿Dónde vives? ....

d. ¿De dónde eres? ....

e. ¿Cuántos idiomas hablas? ....

5 **Traduis ces phrases en utilisant le vouvoiement de politesse.**

a. Moi je vais bien. Et vous ? ....

b. Comment vous appelez-vous ? ....

c. Êtes-vous française ? ....

e. Lisez-vous le chinois ? ....

f. Écrivez-vous l'arabe ? ....

Les possessifs

Revoyons d'abord les adjectifs possessifs des trois premières personnes (quand il y a un seul possesseur). À la différence du français, ce sont les mêmes formes au masculin et au féminin : **mi**, **tu**, **su** peuvent donc signifier *mon, ton, son* ou *ma, ta, sa.*

masculin	féminin
mi pueblo, *mon village*	**mi ciudad**, *ma ville*
tu hijo, *ton fils*	**tu hija**, *ta fille*
su padre, *son père*	**su madre**, *sa mère*

Si tu vouvoies, tu sais que tu dois utiliser la 3e personne, et ça concerne donc aussi le possessif. C'est encore comme si tu parlais au roi : *Votre Majesté veut-elle son chapeau ?* **¿Es su hijo?**, *C'est votre fils ?*

Comme tu le vois, seul le contexte t'indique si on vouvoie ou si on parle d'une autre personne : **¿Cómo se llama su madre?**, *Comment s'appelle votre mère ?* ou *Comment s'appelle sa mère ?*

6 **Coche la bonne case :** ***tratamiento de tú*** **(tutoiement) ou** ***tratamiento de usted*** **(vouvoiement).**

	tratamiento de tú	tratamiento de usted
a. ¿Cuál es su nombre?		
b. ¿Cuál es tu apellido?		
c. ¿Cómo es tu ciudad?		
d. ¿Cuál es su dirección?		

7 Traduis ces phrases en utilisant le vouvoiement de politesse.

a. D'où est votre père ? ....

b. Je ne parle pas votre langue. ....

c. Votre village est petit. ....

d. Combien de numéros a votre rue ? ....

Le singulier et le pluriel

Les articles

L'article défini pluriel est **los** au masculin et **las** au féminin :
el amigo, *l'ami* / **los amigos**, *les amis* **la amiga**, *l'amie* / **las amigas**, *les amies.*
Employé avec la préposition **de**, l'article **el** se soude à la préposition (comme en français) :
el alumno del colegio, *l'élève du collège* (**de + el = del** comme *de + le = du*)
L'article indéfini pluriel « des » n'est pas exprimé en espagnol :
Tengo amigos, *J'ai des amis.*

Les noms et les adjectifs

Dans les cas les plus courants, on ajoute un **-s** aux mots terminés par une voyelle et **-es** aux mots terminés en consonne et en **-y** :
mi amigo español, *mon ami espagnol* / **mis amigos españoles**, *mes amis espagnols.*
El rey de España, *le roi d'Espagne* / **los reyes de España**, *les rois d'Espagne.*

Le collège

el colegio	*le collège*
el / la amigo(a)	*l'ami(e)*
el / la compañero(a)	*le / la camarade*
el alumno, la alumna	*l'élève*
el profesor, la profesora	*le / la professeur(e)*
el director, la directora	*le directeur, la directrice*

8 Reformule ces phrases : mets au masculin celles qui sont au féminin et inversement.

a. Las profesoras son francesas. ....

b. Tengo un compañero portugués. ....

c. La directora es andaluza. ....

d. Mis amigos hablan español. ....

9 Reprends les phrases de l'exercice précédent. Mets au singulier celles qui sont au pluriel et inversement.

a. ....

b. ....

c. ....

d. ....

10 Introduis l'article défini qui convient devant le premier mot et relie-le au second avec *de* / *del* / *de la* / *de los* / *de las*.

a. .... alumnas .... colegio.

b. .... profesora .... español.

c. .... amigos .... directora.

d. .... colegio .... hijas .... profesor.

e. .... compañero .... profesoras.

Identifier et présenter quelqu'un

Voici un nouveau mot interrogatif : **¿Quién?**, *Qui ?* Il permet de poser des questions sur l'identité : **¿Quién eres?**, *Qui es-tu ?* **¿Quién es?**, *Qui est-ce ?*
Contrairement au français, il a une forme plurielle : **¿Quiénes son?**, *Qui sont-ils ?*

Le « C'est… » qui sert en français à identifier une personne se rend en espagnol par le verbe **ser**, *être*, suivi du pronom personnel :
¿Eres tú?, *C'est toi ?* **¡Soy yo!**, *C'est moi !*
Remarque dans l'exemple le signe de ponctuation inversé, qu'on place au début de l'exclamation.

Pour présenter quelqu'un, tu peux utiliser le verbe **presentar**. Quand le complément d'objet direct est une personne, l'espagnol emploie la préposition **a** :
Te presento a Rafael, *Je te présente Rafael.*

Tu peux aussi te servir du pronom personnel, devant le verbe **ser**, avec le sens de « voici » :
Él es Pedro, *Voici Pedro.* **Ella es María**, *Voici Maria.*

11 Complète ces courtes phrases d'identification.

a. ¡........................ yo!

b. ¡ .... nosotros!

c. ¿........................ vosotras?

d. ¿........................ ellos?

12 Complète ces questions avec *quién* ou *quiénes*.

a. ¿........................ sois?

b. ¿........................ es?

c. ¿........................ soy?

d. ¿........................ son?

Décrire des personnes, les comparer

ser	tener	llevar
soy	tengo	llevo
eres	tienes	llevas
es	tiene	lleva
somos	tenemos	llevamos
sois	tenéis	lleváis
son	tienen	llevan

Plusieurs verbes peuvent te servir à faire un portrait physique. Par exemple **ser**, *être* ; **tener**, *avoir* ; **llevar**, *porter* :
Es joven, *Il est jeune.*
Tiene el pelo corto, *Il a les cheveux courts.*
Lleva gafas, *Il porte des lunettes.*

Pour comparer des personnes, le mot le plus simple est **como**, *comme* :
Soy como mi padre, *Je suis comme mon père.*

Apprends aussi les trois modèles de phrase comparative :
- **más ... que**, *plus ... que* : **Soy más alto que tú**, *Je suis plus grand que toi.*
- **menos ... que**, *moins ... que* : **Tienes el pelo menos largo que yo**, *Tu as les cheveux moins longs que moi.*
- **tan ... como**, *aussi ... que* : **Es tan morena como su madre**, *Elle est aussi brune que sa mère.*

13 Traduis ces phrases.

a. Je te présente ma femme, Carmen.

....

b. Je te présente une amie, Lola.

....

c. Voici la directrice du collège.

....

d. Et voici tes professeurs.

....

Le visage

la cara	*le visage*
la boca	*la bouche*
la nariz	*le nez*
los ojos	*les yeux*
las orejas	*les oreilles*

14 Coche *verdadero*, vrai ou *falso*, faux, face à chaque phrase.

	verdadero	falso
a. Antonio tiene los ojos más grandes que Pablo.	☐	☐
b. Pablo tiene la nariz más pequeña que Antonio.	☐	☐
c. Las orejas de Antonio son tan grandes como las de Pablo.	☐	☐
d. Pablo tiene la boca más grande que Antonio.	☐	☐

15 Traduis ces phrases.

a. Il a les cheveux aussi longs que toi.

....

b. Je ne porte pas la barbe aussi courte que lui.

....

c. Nous sommes aussi grands et aussi forts que vous.

....

Le portrait physique

alto/-a	*grand(e)*	castaño	*châtain*
bajo/-a	*petit(e)*	corto/-a	*court(e)*
delgado/-a	*maigre, mince*	largo/-a	*long(ue)*
fuerte	*fort(e)*	azul	*bleu(e)*
el pelo (au singulier)	*les cheveux*	largo/-a	*long(ue)*
rubio/-a	*blond(e)*	las gafas	*les lunettes*
moreno/-a,	*brun(e)*	el bigote	*la moustache*
pelirrojo/-a	*roux, rousse*	la barba	*la barbe*

16 *Ser* ou *tener* ? Barre le verbe qui ne donne pas une phrase correcte.

a. Mi padre **es** / **tiene** barba.
b. **Soy** / **Tengo** pelirrojo.
c. Dos de mis compañeras **son** / **tienen** el pelo castaño.
d. **Sois** / **Tenéis** el pelo largo.

17 *Ser* ou *llevar* ? Barre le verbe qui ne donne pas une phrase correcte.

a. ¿**Sois** / **Lleváis** gafas?
b. **Eres** / **Llevas** el pelo corto.
c. Mis hijos **son** / **llevan** morenos.
d. No **somos** / **llevamos** bigote.

18 Observe cette famille et les ressemblances entre les uns et les autres. Relève d'abord ce qui concerne la taille et la corpulence et complète les phrases.

a. Soledad es .... y .... como su padre.

b. Paco es .... y .... como su madre.

19 **Observe maintenant le système pileux (couleur et longueur des cheveux, moustaches).**

a. Paco es .... como su padre y lleva también el ....

b. Soledad es .... como su madre y lleva también el ....

c. El padre lleva .... como el abuelo.

20 **Relève enfin ce qui concerne les yeux et les lunettes.**

a. Paco y Soledad llevan .... como sus abuelos.

b. Paco y Soledad tienen los .... como sus padres.

Parler du caractère d'une personne

Pour faire un portrait psychologique, tu vas utiliser, comme pour le portrait physique, le verbe **ser**, *être* :
El profesor de español es bueno, *Le professeur d'espagnol est gentil.*

Si deux caractères sont très différents, tu peux les opposer en utilisant :

- **mientras que**, *tandis que* : **El profesor de español es bueno, mientras que la profesora de matemáticas es mala**, *Le professeur d'espagnol est gentil tandis que la professeure de mathématiques est méchante.*
- **en cambio**, *en revanche* : **El profesor de educación física es perezoso. La profesora de francés, en cambio, es trabajadora**, *Le professeur d'éducation physique est paresseux. La professeure de français, en revanche, est travailleuse.*

Les caractères

bueno /-a	*gentil, gentille*	serio /-a	*sérieux, sérieuse*
malo /-a	*méchant, méchante*	divertido /-a	*amusant, amusante*
listo /-a	*intelligent, intelligente*	egoísta	*égoïste*
tonto /-a	*bête*	solidario /-a	*solidaire*
perezoso /-a	*paresseux, paresseuse*	simpático /-a	*sympathique*
trabajador(a)	*travailleur, travailleuse*	antipático /-a	*antipathique*

21 **Prends un moment pour mémoriser les adjectifs de la boîte à mots, puis fais l'exercice sans la consulter à nouveau. Tu dois compléter l'adjectif donné, correspondant au caractère du personnage.**

a. Lucía es ....ta.

b. Nicolás es ....tico.

c. María es ....na.

d. Juan es ....jador.

22 **Reprends les personnages de l'exercice précédent. Tu vas maintenant les associer, dans une phrase, à un personnage qui représente le caractère opposé.**

a. Lucía es ...., mientras que Teresa es ....

b. Nicolás es .... En cambio, Julio es ....

c. María es ...., mientras que Carlos es ....

d. Juan es .... Cecilia, en cambio, es ....

23 **Traduis ces phrases.**

a. Mes camarades sont amusants, tandis que tes amies sont sérieuses.

....

....

b. Mes filles sont solidaires. Mes fils, en revanche, sont égoïstes.

....

....

TÂCHE PRATIQUE : PRÉSENTER LA FAMILLE

Le terme **la familia** désigne la famille directe : grands-parents, parents, oncles et tantes, cousins et cousines. Le masculin pluriel s'utilise très souvent pour les désigner collectivement : **mis padres**, *mes parents* ; **mis abuelos**, *mes grands-parents*.

La familia

abuelo, abuela	*grand-père, grand-mère*
padre, madre	*père, mère*
hermano /-a	*frère, sœur*
tío, tía	*oncle, tante*
primo, prima	*cousin, cousine*

sobrino, sobrina	*neveu, nièce*
nieto, nieta	*petit-fils, petite-fille*
es soltero /-a	*il / elle est célibataire*
está casado /-a con	*il / elle est marié(e) avec*

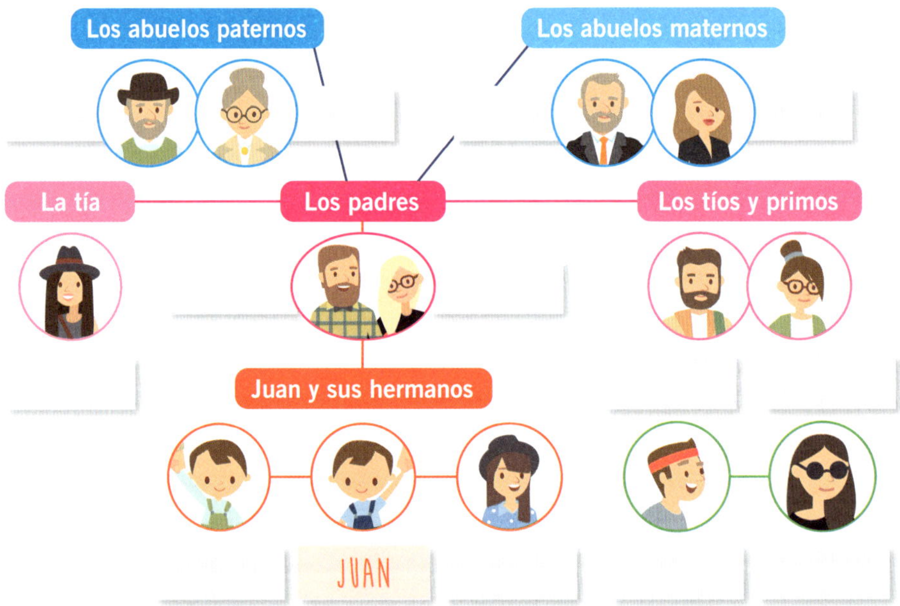

24 Observe la famille de Juan. À gauche la branche paternelle (grands-parents, oncles et tantes paternels) ; à droite la branche maternelle (grands-parents, oncles et tantes maternels). Lis les informations et écris chaque prénom à sa place.

A. LOS HERMANOS DE JUAN SE LLAMAN PEDRO Y MARÍA.
B. CARLA ES SOLTERA.
C. LUIS TIENE TRES PRIMOS.
D. GUILLERMO Y LUCÍA SON TÍOS DE LUIS.
E. PEDRO ES SOBRINO DE ISABEL Y JOSÉ.
F. LUCÍA ES HIJA DE JULIA.
G. CARMEN ES NIETA DE JULIA Y ALBERTO.
H. REMEDIOS ES ABUELA DE PEDRO.
I. REMEDIOS ESTÁ CASADA CON MIGUEL.

Les familles recomposées

Les parents peuvent se séparer, divorcer, se remarier et fonder une autre famille. Dans ces cas, le beau-père s'appelle **el padrastro** et la belle-mère **la madrastra**.

Le « demi-frère » et la « demi-sœur » s'appellent :

- **el hermanastro** et **la hermanastra** s'il n'y a pas de parent en commun ;
- **el hermano** et **la hermana**, tout simplement, s'il y a un des deux parents en commun.

25 **Laura présente sa belle-famille : complète les phrases.**

a. Mi padre se llama .... y mi madre se llama ....

b. Javier es mi .... y Alicia es mi ....

c. Gloria es mi .... y Carlos es mi ....

DÉCOUVERTE CULTURELLE : L'ESPAGNOL DANS LE MONDE

L'espagnol n'est pas seulement la langue d'un pays, mais aussi celle d'un très grand ensemble géographique : il est la langue officielle de dix-neuf pays d'Amérique latine et aussi de la Guinée équatoriale. Tu peux parcourir l'Amérique sur 11 000 km – du nord du Mexique au sud de l'Argentine – en ne parlant qu'espagnol ! Sans compter qu'il y a aux États-Unis (surtout dans les États du sud) plus de 40 millions de Latino-Américains, dont la langue maternelle est l'espagnol. Au total, plus de 550 millions de personnes parlent couramment l'espagnol dans le monde.

Las principales lenguas del mundo

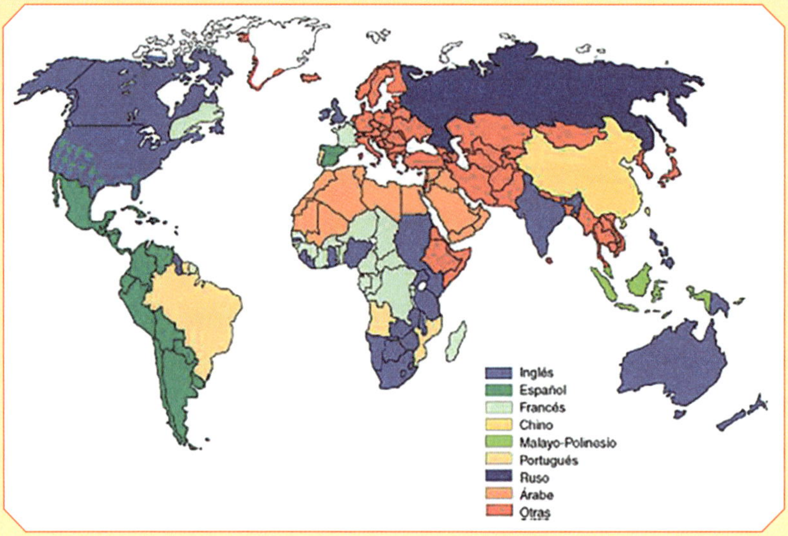

26 Observe la carte et complète les phrases suivantes.

a. Las tres principales lenguas de América son ....

....

b. En Canadá también hablan ....

....

c. En Brasil hablan ....

....

Les différents noms de l'Amérique

On dit souvent qu'on parle espagnol en Espagne et dans les pays d'Amérique du Sud, mais ce n'est pas très exact ! Pour les géographes, en effet, il y a trois Amériques :

- l'Amérique du Nord (Canada, États-Unis et Mexique jusqu'à l'isthme de Tehuantepec) ;
- l'Amérique centrale (de l'isthme de Tehuantepec à l'isthme de Panama) ;
- l'Amérique du Sud (de l'isthme de Panama à la Terre de Feu argentine).

Selon cette définition, le Mexique, par exemple, est à cheval sur l'Amérique du Nord et l'Amérique centrale.

27 **Coche la colonne qui correspond, selon toi, à la situation géographique de ces pays.**

	América central	América del sur
a. Uruguay		
b. Bolivia		
c. Honduras		
d. Ecuador		
e. Nicaragua		
f. Costa Rica		

28 **Écris face aux six pays suivants la pastille rouge qui leur correspond sur la carte.**

Argentina ☐ *Chile* ☐
Ecuador ☐ *Perú* ☐
México ☐ *Panamá* ☐

29 **Écris face aux six villes suivantes le carré bleu qui leur correspond sur la carte.**

Santiago ☐ Buenos Aires ☐
La Habana ☐ Caracas ☐
Lima ☐ Montevideo ☐

Bilan

Dire comment on va

1. ....
2. ....
3. ....

Vouvoyer

4. ....
5. ....

Les possessifs

6. ....
7. ....

Le singulier et le pluriel

8. ....
9. ....
10. ....

Identifier et présenter quelqu'un

11. ....
12. ....

Décrire des personnes, les comparer

13. ....
14. ....
15. ....
16. ....
17. ....
18. ....
19. ....
20. ....

Parler du caractère d'une personne

21. ....
22. ....
23. ....

Tâche pratique

Présenter la famille

24. ....
25. ....

Découverte culturelle

L'espagnol dans le monde

26. ....
27. ....
28. ....
29. ....

¿Qué estás haciendo?

Module 3

Objectifs

- **Tu vas apprendre à :**
  - Dire l'heure
  - Raconter ta journée
  - Dire ce que tu es en train de faire
  - Raconter ta semaine
  - Dire une habitude
  - Dire « toujours », « parfois », « jamais »
- **Pour cela, tu vas maîtriser :**
  - La conjugaison des verbes en **-go hacer** et **salir**
  - La conjugaison des verbes à diphtongue **despertarse**, **acostarse**, **jugar** et **dormir**
  - Un verbe irrégulier indépendant : **ir**
  - Le gérondif et la forme progressive
  - L'usage de l'article défini devant le jour de la semaine
  - La construction de **soler** + infinitif
  - L'emploi de **a menudo**, **a veces**, **siempre**, **nunca**
  - Lexique : les activités quotidiennes, les sports et les loisirs, le travail et le repos
- **Tu seras aussi capable de :**
  - Présenter ton emploi du temps
- **Et tu vas découvrir :**
  - Le système scolaire espagnol

Dire l'heure

- À la question **¿Qué hora es?**, *Quelle heure est-il ?*, tu peux répondre par exemple : **Son las dos**, *Il est deux heures.* Mot à mot : « Il est les deux ». Tu sous-entends le mot **horas**, exprimé par l'article **las**. Quand il s'agit d'« une heure », le verbe est singulier : **Es la una**, *Il est une heure.*
- Pour dire l'heure, on ne se sert couramment que des chiffres de 1 à 12. Il faut donc parfois préciser le moment de la journée :
  Es la una de la mañana, *Il est une heure du matin.*
  Son las cuatro de la tarde, *Il est quatre heures de l'après-midi.*
  Son las diez de la noche, *Il est dix heures du soir* (mot à mot : de la nuit).
- L'heure pile se dit **en punto** : **Son las diez en punto**, *Il est dix heures pile.*
- Les minutes se disent avec **y**, *et*, et **menos**, *moins* :
  Son las cinco y veinte, *Il est cinq heures vingt.*
  Son las ocho menos cinco, *Il est huit heures moins cinq.*
- Pour le *quart* et la *demie*, on emploie **cuarto** et **media**.
  Es la una y cuarto, *Il est une heure et quart.*
  Son las seis y media, *Il est six heures et demie.*
  Son las ocho menos cuarto, *Il est huit heures moins le quart.*

1 **Associe les étiquettes et écris sous chaque montre l'heure qui lui correspond.**

Son las ocho ...

... y cuarto.

a. ....

Son las cinco ...

... menos cuarto.

b. ....

Son las once ...

... en punto.

c. ....

Es la una ...

... y media.

d. ....

2 Écris sous chaque montre l'heure qui lui correspond en utilisant les chiffres de 1 à 12. Tu vas donc devoir préciser le moment de la journée.

a. ....

b. ....

c. ....

d. ....

Nombres de 21 à 29

veintiuno	*21*
veintidós	*22*
veintitrés	*23*
veinticuatro	*24*
veinticinco	*25*
veintiséis	*26*
veintisiete	*27*
veintiocho	*28*
veintinueve	*29*

Dire midi et minuit

Midi et *minuit* se disent **mediodía** et **medianoche** si on indique l'heure pile. Mais tu n'utiliseras pas ces mots s'il y a des minutes à la suite. Tu emploieras dans ce cas **las doce** en ajoutant **de la mañana** ou **de la noche** :
Son las doce y cuarto de la mañana (ou **del mediodía**), *Il est midi et quart.*
Son las doce y diez de la noche, *Il est minuit dix.*

3 Écris en quatre chiffres dans chaque montre l'heure indiquée.

a. Es medianoche.

b. Son las doce y cinco de la mañana.

c. Son las doce y media de la noche.

d. Es mediodía.

Raconter sa journée

Pour dire tes activités quotidiennes, tu vas apprendre de nouveaux verbes. Certains sont réguliers (modèles en **-ar**, en **-er** et en **-ir**) ; d'autres ont des irrégularités à certaines personnes.

Les verbes en -go : quelques verbes ont une 1re personne du singulier en **-go**, comme **hacer**, *faire* ou **salir**, *sortir*.

Les verbes à diphtongue : le radical de certains verbes se modifie au présent ; le **-e** devient **-ie** et le **-o** devient **-ue**. Cette irrégularité concerne toutes les personnes sauf les deux premières du pluriel. Compare avec certains verbes français, c'est exactement pareil ! Venir, par exemple : je viens, tu viens, il vient, nous venons, vous venez, ils viennent.

Les verbes en -oy : la 1re personne de quelques verbes est en **-oy** ; la suite de la conjugaison peut être ou non régulière. Tu as par exemple déjà vu **soy**, *je suis* ; **estoy**, *je me trouve*. Apprends le verbe **ir**, *aller* : **voy**, *je vais*.

Voici un tableau pour résumer, avec les irrégularités en rose.

hacer	salir	despertarse	acostarse	ir
hago	salgo	me despierto	me acuesto	voy
haces	sales	te despiertas	te acuestas	vas
hace	sale	se despierta	se acuesta	va
hacemos	salimos	nos despertamos	nos acostamos	vamos
hacéis	salís	os despertáis	os acostáis	vais
hacen	salen	se despiertan	se acuestan	van

Les activités quotidiennes

acostarse	*se coucher*
cenar	*dîner*
comer	*manger, déjeuner*
desayunar	*prendre le petit déjeuner*
despertarse	*se réveiller*
hacer	*faire*
ir	*aller*
la tarea	*les devoirs*
salir	*sortir*

4 Voici huit actions quotidiennes : dans quel ordre les réalises-tu au cours de la journée ? Numérote les étiquettes de 1 à 8.

- ◯ SALIR DEL COLEGIO
- ◯ CENAR
- ◯ HACER LA TAREA
- ◯ ACOSTARSE
- ◯ DESPERTARSE
- ◯ IR AL COLEGIO
- ◯ COMER
- ◯ DESAYUNAR

5 Ce collégien raconte sa journée, du lever jusqu'au déjeuner. Rédige les phrases à la première personne du singulier, en indiquant l'heure en toutes lettres.

A

....
....
....

B

....
....
....

C

....
....
....

D

....
....
....

6 Voici quatre autres scènes, de la sortie du collège au coucher. Tu veux savoir à quelle heure ce collégien fait ces actions ? Pose-lui les questions correspondantes et écris ses réponses.

17 H 15

a. ....

....

18 H 30

b. ....

....

21 H

c. ....

....

22 H 40

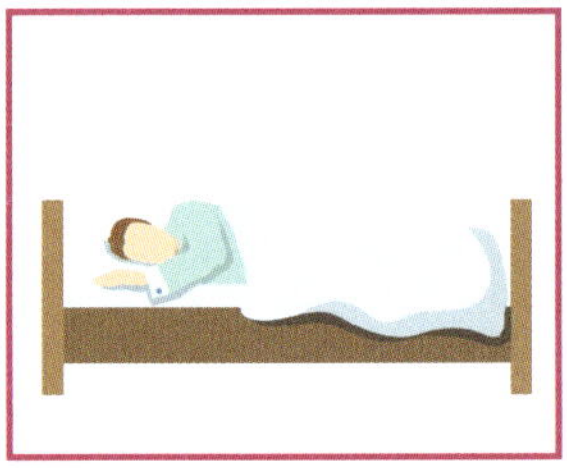

d. ....

....

7 Ces formes verbales se sont mélangées... Comme dans l'exemple, associe convenablement les pronoms personnels, le début des verbes et leur terminaison et donne la traduction.

a. Yo	ha	uanta	....
b. Tú	nos desper	lís	....
c. Usted	co	to	Je me couche.
d. Nosotros	se le	mes	....
e. Vosotras	me acues	cen	....
f. Ellos	sa	tamos	....

8 Traduis ces phrases, en imaginant que tu t'adresses à des camarades de classe.

a. À quelle heure vous couchez-vous ? ....

b. À quelle heure allez-vous au collège ? ....

9 Traduis à nouveau les phrases, en imaginant que tu t'adresses cette fois à un professeur que tu vouvoies.

a. À quelle heure vous couchez-vous ? ....

b. À quelle heure allez-vous au collège ? ....

Dire ce que l'on est en train de faire

- Comme en anglais, on utilise beaucoup en espagnol la forme progressive (être en train de...) pour parler d'une activité en cours. Elle se construit avec le verbe **estar** conjugué suivi du gérondif.
- Le gérondif espagnol est invariable. Il y a deux terminaisons : **-ando** pour les verbes en **-ar** et **-iendo** pour les verbes en **-er** et en **-ir**.
  Estoy hablando, *Je parle (= je suis en train de parler).*
  Estás comiendo, *Tu manges (= tu es en train de manger).*
  Están escribiendo, *Ils écrivent (= ils sont en train d'écrire).*
- Le radical est l'infinitif. Il n'y a donc jamais de diphtongue au gérondif : **jugando**, *en jouant, en train de jouer.*
- Quelques verbes ont un gérondif un peu irrégulier, comme **leer**, qui fait **leyendo**, *en lisant, en train de lire.*

10 Retrouve six gérondifs dans cette grille (verticalement, horizontalement ou en diagonale). Recopie-les et donne leur infinitif.

E	S	A	P	R	A	N	O	H
H	A	B	L	A	N	D	O	A
O	L	C	I	E	D	E	R	C
V	I	E	N	D	O	S	B	I
D	E	N	Y	F	M	O	Y	E
U	N	A	L	E	I	A	L	N
G	D	N	A	S	N	E	L	D
H	O	D	I	T	U	D	I	O
L	L	O	N	E	N	D	O	R

Gérondif	Infinitif
....	....
....	....
....	....
....	....
....	....
....	....

11 **Complète les phrases suivantes avec des formes progressives, en utilisant les formes de gérondif que tu as trouvées dans l'exercice précédent.**

a. Son las diez de la noche: la familia ....

b. Tú .... la tele y yo una película.

c. Son las cuatro: los alumnos .... del colegio.

d. Nosotros .... la tarea.

e. ¿De qué .... vosotros?

f. ¿Cómo se llama el libro que usted .... ?

12 **Transforme ces phrases en exprimant le verbe à la forme progressive.**

a. Mis hermanos no juegan al fútbol. ....

b. Escribo un libro. ....

c. ¿A qué juegas? ....

d. No desayunamos, comemos. ....

e. Mi primo vive con nosotros. ....

Raconter sa semaine

- *La semaine* se dit **la semana**. Pour parler du week-end, les Espagnols n'utilisent pas un anglicisme : ils disent **el fin de semana**, mot à mot « *la fin de semaine* ».
- L'initiale des jours de la semaine sert d'abréviation, sauf pour **miércoles**, *mercredi*, qui s'abrège en **X** pour le distinguer de **martes**, *mardi*.

los días de la semana, *les jours de la semaine*						
lunes **L**	**martes** **M**	**miércoles** **X**	**jueves** **J**	**viernes** **V**	**sábado** **S**	**domingo** **D**
lundi	mardi	mercredi	jeudi	vendredi	samedi	dimanche

- Pour situer un événement particulier dans la semaine, on emploie en français le nom du jour sans plus ; en espagnol, on ajoute l'article défini singulier :
Voy a Madrid el lunes, *Je vais à Madrid lundi.*
- Pour dire une habitude, on utilise en français l'article singulier devant le nom de jour. En espagnol, on emploie l'article pluriel :
Los lunes hago deporte, *Le lundi je fais du sport.*

13 À partir de ce tableau d'activités, réponds aux questions suivantes.

Adriana		L X V	S		
Pablo	L M J			X D	
Lucía	J		V S	D	M S

a. ¿Qué días juega Pablo al baloncesto?

....

b. ¿Qué días juega al fútbol Lucía?

....

c. ¿Qué días no hace deporte Lucía?

....

Les sports

hacer deporte	*faire du sport*
jugar* al fútbol	*jouer au football*
el baloncesto	*le basket-ball*
el balonmano	*le handball*
el tenis	*le tennis*
ir a la piscina	*aller à la piscine*

* le verbe jugar est à diphtongue : **jue**go, **jue**gas, etc.

14 À partir du tableau d'activités, complète les phrases suivantes.

a. Adriana va a la piscina ....

b. Adriana .... los sábados.

c. Pablo .... , los martes y ....

15 Traduis ces phrases.

a. Jouez-vous au tennis le mardi ?

....

b. Nous n'allons pas à la piscine le vendredi.

....

c. Tu joues au basket samedi ?

....

Dire une habitude

Pour dire une habitude, tu peux utiliser deux formules :

- soit le verbe **soler** conjugué + infinitif (c'est comme le verbe *to use to* en anglais). Attention, **soler** est un verbe à diphtongue :
  Suelo levantarme a las ocho, *J'ai l'habitude de me lever à huit heures.*
  Suelen comer a las dos, *Ils ont l'habitude de déjeuner à deux heures.*
- soit la locution **a menudo**, qui signifie *souvent* :
  Salgo a menudo del colegio a las cuatro, *Je sors souvent du collège à quatre heures.*

Les loisirs

escuchar música	*écouter de la musique*	ver una película	*regarder un film*
leer libros	*lire des livres*	ver* la tele	*regarder la télévision*

* La 1re personne de **ver** est irrégulière : **veo**, *je vois, je regarde* ; la suite est régulière : **ves**, *tu vois* ; **ve**, *il voit*, etc.

16 Reformule les phrases en remplaçant *a menudo* par l'autre formule exprimant l'habitude.

a. Leen a menudo libros en español.

....

b. Veo a menudo películas.

....

17 **Reformule les phrases en remplaçant le verbe *soler* par l'autre formule exprimant l'habitude.**

a. ¿Sueles escuchar música?

....

b. No solemos ver la tele.

....

Dire « toujours », « parfois », « jamais »

- *Toujours* se dit **siempre** et *parfois* se dit **a veces**. Employés dans des phrases affirmatives, ils se construisent comme en français :
Me levanto siempre a las siete, *Je me lève toujours à sept heures.*
Me acuesto a veces a medianoche, *Je me couche parfois à minuit.*
- **Nunca** signifie *jamais*. Il entre dans une phrase négative qui peut se dire de deux façons :
• soit comme en français (**no** + verbe + **nunca** : *ne ... jamais*) :
No veo nunca la tele, *Je ne regarde jamais la télévision.*
• soit en plaçant **nunca** directement devant le verbe, sans **no** : **Nunca veo la tele.**
- Si tu veux situer un événement dans la journée, tu vas te servir de la préposition **por** : **por la mañana**, *le matin* ; **por la tarde**, *l'après-midi* ; **por la noche**, *la nuit.*

Le travail et le repos

descansar	*se reposer*
dormir	*dormir*
estudiar	*étudier*
trabajar	*travailler*
la clase	*le cours*
el examen	*le contrôle*
la lección	*la leçon*

18 **Dormir est un verbe à diphtongue. Entoure les formes correctes de sa conjugaison.**

a.	Yo …	diermo	dormo	duermo
b.	Tú …	dormes	duermes	diermes
c.	Él, ella …	dorme	dierme	duerme
d.	Nosotros /-as …	dormimos	duermimos	dormemos
e.	Vosotros /- as …	duerméis	dormís	duermís
f.	Ellos, ellas …	duermen	dormen	diermen

19 **Traduis ces phrases.**

a. Siempre tengo clase de español por la tarde.

……………………………………………………………………………………

b. Siempre tenemos exámenes por la mañana.

……………………………………………………………………………………

c. Mi padre trabaja siempre por la noche.

……………………………………………………………………………………

20 **Reprends les phrases de l'exercice précédent et dis le contraire de deux façons différentes.**

Siempre tengo clase de español por la tarde.

a. ……………………………………………………………………………………

b. ……………………………………………………………………………………

Siempre tenemos exámenes por la mañana.

c. ……………………………………………………………………………………

d. ……………………………………………………………………………………

Mi padre trabaja siempre por la noche.

e. ……………………………………………………………………………………

f. ……………………………………………………………………………………

21 Traduis ces phrases.

a. Les professeurs se reposent parfois le week-end.

....

b. J'étudie parfois mes leçons la nuit.

....

c. Les élèves dorment parfois en cours.

....

Parler de la vie scolaire

Fais attention au vocabulaire de la vie scolaire, car il est plein de « faux amis », des mots qui ressemblent à un mot français mais n'ont pas le même sens. Par exemple :

- **la clase** n'est pas « *la classe* » mais *le cours* : **la clase de matemáticas**, *le cours de mathématiques ;*
- **el curso** n'est donc pas « *le cours* ». C'est soit *l'année scolaire* : **el curso 2018-2019**, soit *la classe* (cinquième, quatrième, etc.) : **¿En qué curso estás?**, *En quelle classe es-tu ?*
- **la asignatura** n'est pas *la signature*, qui se dit **la firma**. C'est la *matière scolaire.* **Me gustan las asignaturas científicas**, *J'aime les matières scientifiques.*
- **el aula** signifie *la salle de cours.*

22 Traduis ces phrases.

a. À quelle heure as-tu cours de mathématiques ?

....

b. En quelle classe est ton frère ?

....

c. En quelle salle avons-nous cours d'espagnol ?

....

d. L'espagnol est une matière amusante.

....

TÂCHE PRATIQUE : PRÉSENTER SON EMPLOI DU TEMPS

En **segundo de la ESO** (2e année de collège), un élève a un emploi du temps de 30 heures, dont une heure de **tutoría**, *vie de classe*, et une de **refuerzo**, *soutien*. De nombreux collèges choisissent la journée continue, qui laisse aux élèves tous les après-midi libres.

Lengua castellana y literatura, parfois abrégé en **Lengua castellana** ou même simplement **Lengua**, c'est l'équivalent du « *français* » pour toi.

Les élèves dont les parents le souhaitent reçoivent une heure d'enseignement religieux (**Religión**) ; les autres ont, à la place, une matière appelée **Valores éticos**, *Valeurs morales*.

23 **Remplis l'emploi du temps de cette élève espagnole (jours, heures, matières) à partir des renseignements qu'elle te donne.**

- Hola, soy Adriana y te voy a presentar mi horario escolar. Estoy en el grupo B de 2° de la ESO de mi colegio. Mis clases son en el aula 3A.
- Las clases duran una hora y salgo a las tres menos cuarto de la tarde. Tengo media hora de recreo, de las once y cuarto a las doce menos cuarto.
- Estudio dos idiomas: Inglés (L 10h15, M 8h15 y V 11h45) y Francés (X y J a las 8h15).
- Tengo dos asignaturas artísticas: Música (L 8h15 y V 10h15) y Plástica (L 12h45 y V 13h45).
- Tengo tres asignaturas científicas: Matemáticas (M y V a las 9h15, J 10h15 y 13h45), Física y Química (M 10h15, X 11h45 y J 9h15) y Tecnología (L 13h45 y X 12h45).
- Estudio dos asignaturas literarias: Historia y Geografía (M 12h45, X 9h15 y V 8h15) y Lengua (L 11h45, M 13h45, J y V a las 12h45).
- Voy a Valores éticos (M 11h45).
- Tengo Educación Física (X 10h15 y J 11h45), Tutoría (L 9h15) y Refuerzo (X 13h45).

HORARIO ESCOLAR DE

CURSO	
GRUPO	
AULA	

HORA					

DÉCOUVERTE CULTURELLE : LE SYSTÈME SCOLAIRE ESPAGNOL

- Le système scolaire espagnol comprend trois cycles : **Educación primaria**, **ESO** (**Educación secundaria obligatoria**) et **Bachillerato**. La répartition des années est un peu différente par rapport à la France : l'école primaire comporte une année de plus et ce qui correspond au lycée une année de moins.
- Du point de vue de l'âge des élèves, la classe de 5e équivaut donc à **primero de la ESO** ; mais, si tu parles des cycles scolaires, la 2e année de collège, c'est **segundo de la ESO**.
- **Remarque :** pour dire les années scolaires, on utilise en espagnol les ordinaux dans l'ordre croissant et non pas décroissant comme en France.

EDAD	CURSO	CICLO
seis	primero	**EDUCACIÓN PRIMARIA**
siete	segundo	
ocho	tercero	
nueve	cuarto	
diez	quinto	
once	sexto	
doce	primero	**ESO** (EDUCACIÓN SECUNDARIA OBLIGATORIA)
trece	segundo	
catorce	tercero	
quince	cuarto	
dieciséis	primero	**BACHILLERATO**
diecisiete	segundo	

Boîte à mots

Le système scolaire

primero /-a	*premier, première*	cuarto /-a	*quatrième*
segundo /-a	*deuxième*	quinto /-a	*cinquième*
tercero /-a	*troisième*	sexto /-a	*sixième*

24 **Réponds à la question en complétant la bulle.**

¿En qué curso estás?

a. Tengo quince años y ....

b. ¿Cuántos .... y en qué ....?

c. Tenemos diecisiete años y ....

Les notes et les évaluations

- En Espagne, on note jusqu'à 10. Les tranches d'évaluation sont les suivantes :

Sobresaliente (SB)	9-10
Notable (NT)	7-8
Bien (BI)	6
Suficiente (SU)	5
Insuficiente (IN)	1-4

- Plus généralement, **aprobado** signifie qu'on a eu la moyenne ; **suspenso**, qu'on a moins de la moyenne :
Este trimestre tengo ocho aprobados y tres suspensos,
Ce trimestre je suis au-dessus de la moyenne dans huit matières et sous la moyenne dans trois.

25 **Écris sous chaque note l'évaluation qui lui correspond.**

2 ....

10 ....

7,5 ....

6 ....

26 **La moyenne ou pas ? Complète les phrases avec l'évaluation équivalente.**

a. Tengo un 5 / 10 en matemáticas: tengo un ....

b. Tengo un 4 / 10 en física: tengo un ....

Bilan

Dire l'heure

1. ....
2. ....

Dire midi et minuit

3. ....

Raconter sa journée

4. ....
5. ....
6. ....
7. ....
8. ....
9. ....

Dire ce que l'on est en train de faire

10. ....
11. ....
12. ....

Raconter sa semaine

13. ....
14. ....
15. ....

Dire une habitude

16. ....
17. ....

Dire « toujours », « parfois », « jamais »

18. ....
19. ....
20. ....
21. ....
22. ....

Tâche pratique

Présenter son emploi du temps

23. ....

Découverte culturelle

Le système scolaire espagnol

24. ....
25. ....
26. ....

Por aquí y por allá

Objectifs

- **Tu vas apprendre à :**
  - Dire qui tu es et dire où tu es
  - Dire où tu vas, d'où tu viens et par où tu passes
  - Montrer des objets
  - Nommer et situer les pièces de la maison
  - Nommer et situer des meubles et des éléments de la maison
  - Dire et demander une date
  - Compter jusqu'à 100 et au-delà
  - Dire ta date de naissance
  - Te déplacer en métro
  - Faire une demande polie et remercier
- **Pour cela, tu vas maîtriser :**
  - Deux emplois de **estar** : **estar en** (lieu) / **estar a** (date)
  - La conjugaison de **volver** et **venir**
  - Les adverbes interrogatifs **dónde**, **de dónde**, **adónde** et **por dónde**
  - L'usage des adverbes et des prépositions de lieu
  - Les adjectifs démonstratifs
  - L'obligation personnelle (**tener que**) et impersonnelle (**hay que**)
  - Lexique : les noms de commerces, d'animaux, des meubles, des couleurs et éléments de la maison, des mois et des saisons
- **Tu seras aussi capable de :**
  - Demander ton chemin
- **Et tu vas découvrir :**
  - Les fêtes de fin d'année en Espagne

Module 4

Dire qui l'on est et dire où l'on est

- Le français emploie le même verbe pour dire « *être quelqu'un* » et « *être quelque part* ». Pour l'espagnol, c'est différent. Quand il veut parler de ce que l'on est (identité, nationalité, aspect physique, profession), il utilise **ser** ; quand il parle de l'endroit où on se trouve, il utilise le verbe **estar**.
  Soy Juan, soy español, *Je suis Juan, je suis espagnol.*
  ¿Dónde estás?, *Où es-tu ?*
- Comme **vivir**, *vivre, habiter*, le verbe **estar** est associé dans ce cas à la préposition **en**, qui indique le lieu où l'on se trouve, sans idée de mouvement. Tu diras donc :
  Estoy en Francia, *Je suis en France.*
  ¿Estás en París?, *Tu es à Paris ?*
  Los alumnos están en el aula, *Les élèves sont dans la salle de cours.*

1 Tu poses des questions à une camarade : complète les bulles en conjuguant *ser* ou *estar en*.

a. ¿........................ clase?

b. ¿........................ trabajadora?

c. ¿........................ alta?

d. ¿........................ francesa?

e. ¿........................ la calle?

f. ¿........................ Madrid?

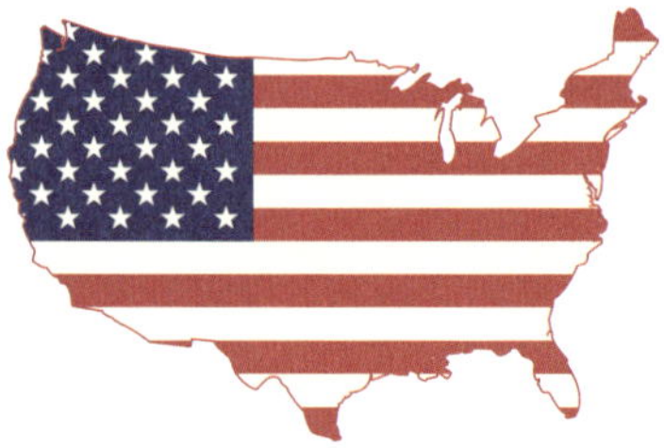

2 Traduis ces phrases.

a. Vous êtes professeur ? ....

b. Ils sont en Angleterre. ....

c. Nous sommes aux États-Unis. ....

d. Il est directeur du collège. ....

e. Mon collège est dans une petite rue. ....

f. Tu es mon ami ? ....

Dire où l'on va, d'où l'on vient et par où l'on passe

- Tu as déjà vu le verbe **ir**, *aller*, qui se construit avec la préposition **a** pour indiquer l'endroit où l'on va. Les verbes **venir**, *venir* et **volver**, *revenir*, quand ils te servent à dire l'endroit d'où tu viens, se construisent avec la préposition **de**, *de*. Souviens-toi des contractions : **a + el = al** / **de + el = del**.
- **Pasar**, *passer*, indique l'endroit par où tu passes, avec la préposition **por**.

  Voy a la escuela, *Je vais à l'école.*
  Vengo del gimnasio, *Je viens du gymnase.*
  Vuelvo de Madrid, *Je reviens de Madrid.*
  Paso por la calle Princesa, *Je passe par la rue Princesa.*

- **Volver** est un verbe à diphtongue. **Venir** aussi, mais la 1re personne est elle aussi irrégulière, en **-go**.
- Tu connais la question **¿Dónde?**, *Où ?* Elle peut être précédée d'une préposition : **¿De dónde?**, *D'où ?* / **¿Por dónde?**, *Par où ?* Dans le cas de la préposition **a**, celle-ci s'unit au mot interrogatif : **¿Adónde?**, *Où ?*

volver	venir
vuelvo	vengo
vuelves	vienes
vuelve	viene
volvemos	venimos
volvéis	venís
vuelven	vienen

3 Voici trois pictogrammes de commerces et trois symboles (être dans / aller à / venir de). Complète le premier dialogue (a/b) puis rédige les autres sur le même modèle.

a. ¿Estás …………………… la …………………………… ?

b. Sí, …………………… la ……………………

c. ¿ …………………………… …………………………… ?

d. Sí, …………………………… ……………………………

e. ¿ …………………………… …………………………… ?

f. Sí, …………………………… ……………………………

Le nom des commerces

el supermercado	*le supermarché*
la carnicería	*la boucherie*
la frutería	*le magasin de fruits*
la panadería	*la boulangerie*
la pescadería	*la poissonnerie*
la tienda de ultramarinos	*l'épicerie*
la verdulería	*le magasin de légumes*

4 Reprends les phrases de l'exercice précédent et modifie-les en supposant que la question s'adresse à plusieurs personnes.

a. ....

b. ....

c. ....

d. ....

e. ....

f. ....

5 Complète ces échanges en ajoutant : l'adverbe interrogatif dans la question + la préposition de lieu et le verbe conjugué dans la réponse.

a. ¿................................ vuelves? b. .... supermercado.

c. ¿................................ pasáis? d. .... tienda de ultramarinos.

e. ¿................................ van tus padres? f. .... frutería.

g. ¿................................ está tu hermana? h. .... pescadería.

Montrer des objets

Pour montrer des objets ou des personnes, tu peux te servir des adverbes (ici, là...) et des démonstratifs (ce, cette, ces...). Il y a trois degrés, plus proches ou plus lointains par rapport à celui qui parle.

	proche de celui qui parle	**lointain, proche de celui à qui tu parles**	**encore plus lointain, de toi et de ton interlocuteur**
adjectifs démonstratifs	**este amigo** *cet ami-ci* **estos amigos** *ces amis-ci* **esta amiga** *cette amie-ci* **estas amigas** *ces amies-ci*	**ese hombre** *cet homme* **esos hombres** *ces hommes* **esa mujer** *cette femme* **esas mujeres** *ces femmes*	**aquel profesor** *ce professeur-là* **aquellos profesores** *ces professeurs-là* **aquella profesora** *cette professeure-là* **aquellas profesoras** *ces professeures-là*
adverbes	**aquí** *ici*	**ahí** *là*	**allí** *là-bas*

6 Le personnage montre différents animaux, plus ou moins éloignés, en disant *Mira...*, Regarde... Complète les phrases en ajoutant le nom de l'animal et l'adverbe correspondant.

a. ¡Mira el ...., ...!

b. ¡Mira la ....,
............................!

c. ¡Mira el ....,
..............!

Noms d'animaux

el conejo	*le lapin*
el gato	*le chat*
el pájaro	*l'oiseau*
el perro	*le chien*
el pez rojo	*le poisson rouge*

la cabra	*la chèvre*
la gallina	*la poule*
la tortuga	*la tortue*
la vaca	*la vache*

7 Le personnage demande à son interlocuteur s'il voit les animaux qu'il lui montre : *¿Ves...?*, Tu vois... ? Complète les phrases avec le démonstratif qui convient (animal plus ou moins éloigné).

a. ¿Ves ....
.... ?

b. ¿Ves ....
.... ?

c. ¿Ves ....
.... ?

8 Même exercice que le précédent, mais attention : cette fois le personnage désigne plusieurs animaux chaque fois.

a. ¿Ves .... ?

b. ¿Ves .... ?

c. ¿Ves .... ?

Nommer et situer les pièces de la maison

- Tu vas découvrir dans la boîte à mots le nom des différentes pièces de la maison. Tu peux les situer les unes par rapport aux autres : **a la derecha**, *à droite* / **a la izquierda**, *à gauche*. Elles peuvent aussi être **en medio**, *au milieu*.
- La **planta** désigne l'*étage*, aussi bien dans une maison individuelle que dans un immeuble. On parle de la **planta baja** pour le *rez-de-chaussée*, puis on utilise les ordinaux : **la primera planta**, *le premier étage* ; **la segunda planta**, *le deuxième étage*, etc.

Les pièces de la maison

la casa	*la maison*	el salón	*le salon*
el garage	*le garage*	el cuarto de baño	*la salle de bains*
la cocina	*la cuisine*	el lavadero	*la buanderie*
el comedor	*la salle à manger*	el despacho	*le bureau*
el dormitorio	*la chambre à coucher*	el cuarto de los niños	*la chambre des enfants*

9 **María te présente sa maison, avec les différentes pièces numérotées. Commence par écrire leur nom sur chaque dessin.**

Hola, soy María y esta es mi casa. En la planta baja están, de izquierda a derecha, el salón, la cocina-comedor y el garaje. En la primera planta están el cuarto de baño, en medio, a la izquierda el dormitorio de mis padres y a la derecha el lavadero. Y en la segunda planta está mi cuarto, y a la izquierda el despacho.

a.

b.

c.

d.

e.

f.

g.

h.

10 Maintenant à toi de les situer, en écrivant la lettre qui correspond sur le plan en coupe de la maison.

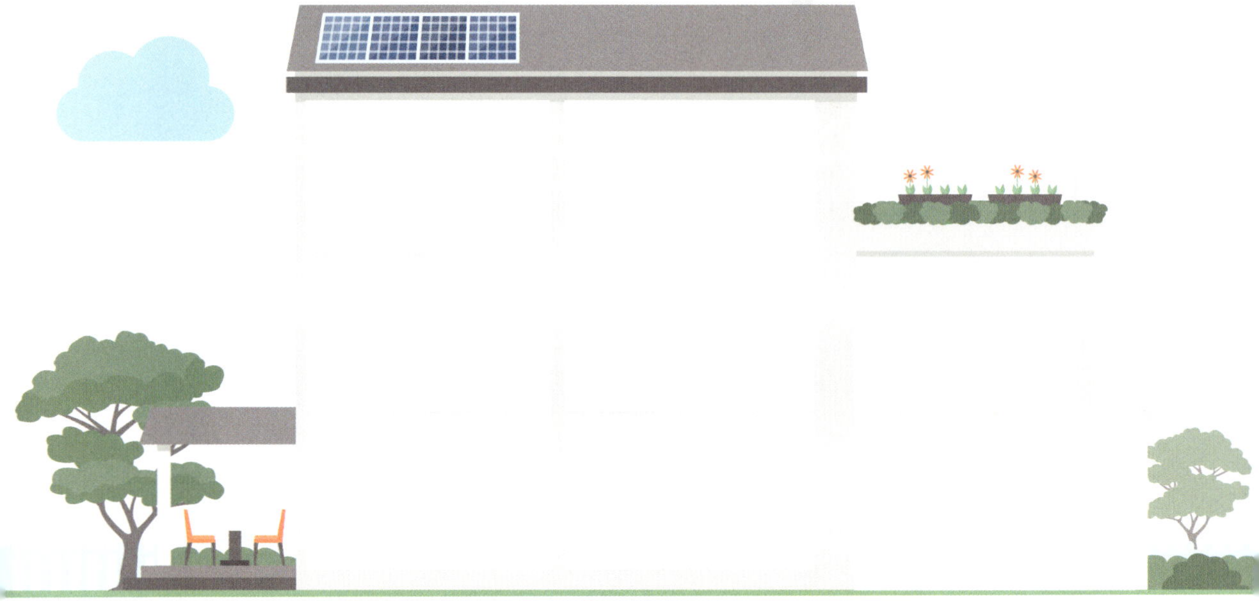

Nommer et situer des meubles et des éléments de la maison

Pour situer, tu utilises, comme en français, des adverbes ou des prépositions de lieu :

Vivo al lado, *J'habite à côté.*
Vivo al lado del colegio, *J'habite à côté du collège.*

La seule différence, c'est que la préposition de lieu est double en espagnol (avec un **de**), alors que ce n'est pas toujours le cas en français :

Estoy delante, *Je suis devant.*
Estoy delante del colegio, *Je suis devant le collège.*

Voici les principaux adverbes et prépositions de lieu :

adverbes	prépositions
al lado, *à côté*	**al lado de la casa**, *à côté de la maison*
delante, *devant*	**delante de la casa**, *devant la maison*
detrás, *derrière*	**detrás de la casa**, *derrière la maison*
dentro, *dedans, à l'intérieur*	**dentro del cuarto**, *dans la chambre*
fuera, *dehors, à l'extérieur*	**fuera del cuarto**, *hors de la chambre*
encima, *au-dessus*	**encima de la mesa**, *sur la table*
debajo, *au-dessous*	**debajo de la mesa**, *sous la table*
	entre la casa y el colegio, *entre la maison et le collège*

Les meubles et les éléments de la maison

el techo	*le toit*	el coche	*la voiture*	la mesa	*la table*
la puerta	*la porte*	la silla	*la chaise*	la cama	*le lit*
la ventana	*la fenêtre*	el sillón	*le fauteuil*	el escritorio	*le bureau*

11 **Prends un moment pour mémoriser le contenu de la boîte à mots. Tu peux le recopier, le répéter à haute voix, etc. Sans consulter à nouveau la boîte, écris le nom de chaque objet à côté de l'image qui lui correspond.**

a. .... b. .... c. .... d. ....

e. .... f. .... g. .... h. ....

y ....

12 **Complète l'amorce pour situer le petit chat par rapport à ce qui est à côté de lui.**

El gato está…

a. .... e. ....

b. .... f. ....

c. .... g. ....

d. .... h. ....

Dire et demander une date

- Comme en français, tu peux demander le jour qu'il est de deux manières : « *C'est quel jour, aujourd'hui ?* » ou bien « *Quel jour sommes-nous aujourd'hui ?* » En espagnol, tu utiliseras des verbes différents.
- Soit **ser** : **¿Qué día es hoy?**, *Quel jour est-ce, aujourd'hui ?* / **Hoy es lunes**, *Aujourd'hui c'est lundi.*
- Soit **estar a** à la 1re personne du pluriel : **¿A qué día estamos hoy?**, *Quel jour sommes-nous aujourd'hui ?* / **Hoy estamos a lunes**, *Aujourd'hui nous sommes lundi.*
- Si tu indiques le mois, il faut le faire précéder de la préposition **de** : **el 24 de octubre**, *le 24 octobre.*

Les mois et les saisons

el mes	*le mois*
enero	*janvier*
febrero	*février*
marzo	*mars*
abril	*avril*
mayo	*mai*
junio	*juin*
julio	*juillet*
agosto	*août*
septiembre	*septembre*
octubre	*octobre*
noviembre	*novembre*
diciembre	*décembre*

la estación	*la saison*
la primavera	*le printemps*
el verano	*l'été*
el otoño	*l'automne*
el invierno	*l'hiver*

13 **Demande la date en complétant la question, puis réponds.**

a. ¿Qué ....

.... hoy?

b. ....

....

c. ¿ A qué ....

.... hoy?

d. ....

....

e. ¿..

.... es hoy?

f. ....

....

g. ¿..

.... estamos hoy?

h. ....

....

14 Comme tu le sais, les saisons sont inversées dans l'hémisphère Sud par rapport à l'hémisphère Nord. Complète les phrases suivantes en écrivant la date en toutes lettres et la saison correspondante.

a. **14-07**

En Argentina, el .... de .... es ....

b. **02-06**

En México, el .... de .... es ....

c. **23-03**

En Chile, el .... de .... es ....

d. **03-04**

En Cuba, el .... de .... es ....

Compter jusqu'à 100 et au-delà

- À partir de 31, les dizaines s'écrivent en trois mots si elles comportent une unité : **treinta** (30), **treinta y uno** (31), **treinta y dos** (32), etc.
- 100 se dit **cien**, mais il devient **ciento** – invariable en genre – entre 101 et 199 : **cien** (100), **ciento uno** (101), **ciento dos** (102), etc.
- À partir de 200, les centaines s'accordent en genre : **doscientos euros**, *200 euros* ; **doscientas personas**, *200 personnes.*
- **Mil**, *1 000*, est invariable : **mil hombres**, *1 000 hommes* ; **cuatro mil personas**, *4 000 personnes.*

Dizaines, centaines et milliers

dizaines	centaines	milliers
10 diez	100 cien	1 000 mil
20 veinte	200 doscientos/as	2 000 dos mil
30 treinta	300 trescientos/as	3 000 tres mil
40 cuarenta	400 cuatrocientos/as	etc.
50 cincuenta	500 quinientos /as	
60 sesenta	600 seiscientos/as	
70 setenta	700 setecientos/as	
80 ochenta	800 ochocientos/as	
90 noventa	900 novecientos/as	

15 Écris en toutes lettres les quatre opérations du tableau et leur résultat.
Outils : *más* (+) / *menos* (−) / *por* (X) / *entre* (:)

a. ....

b. ....

c. ....

d. ....

16 **Cherche ton chemin pour traverser le labyrinthe et écris en toutes lettres les nombres que tu vas rencontrer sur ton chemin.**

a. ....

b. ....

c. ....

d. ....

e. ....

f. ....

g. ....

h. ....

i. ....

j. ....

k. ....

l. ....

m. ....

110	670	870	232	555
767	383	869	101	440
792	621	154	960	797
487	500	506	375	960
619	266	900	580	728

Dire sa date de naissance

- Pour compléter ta présentation, tu pourras dire ta *date de naissance*, **la fecha de nacimiento**. Tu utiliseras alors le verbe **nacer**, *naître*, au passé simple espagnol : **Nací el...**, *Je suis né(e) le...*
- Comme pour le mois, on écrit la préposition **de** devant l'année : **el 24 de enero de 2001**, *le 24 janvier 2001.*
- L'anniversaire se dit **el cumpleaños**, et *Joyeux anniversaire*, **Feliz cumpleaños : Te deseo un feliz cumpleaños**, *Je te souhaite un joyeux anniversaire*. Sur l'air bien connu, on chante en espagnol les paroles suivantes :
Cumpleaños feliz (bis).
Te deseamos todos:
Cumpleaños feliz.

17 Ces quatre personnages disent leur date de naissance : écris-la en toutes lettres, en rédigeant une phrase complète : « Je suis né... »

25 / 02 / 1625

11 / 11 / 2006

13 / 09 / 3579

a. ....

b. ....

c. ....

Se déplacer en métro

- Pour calculer le meilleur trajet en métro, tu vas sans doute vouloir utiliser des formules d'obligation. Tu peux exprimer cette obligation de façon personnelle. Dans ce cas, tu utiliseras la formule **tener que** (en conjuguant le verbe à la personne voulue) **+ l'infinitif** :
  ¿Dónde tengo que cambiar?, *Où dois-je changer ?*
  Tienes que cambiar en..., *Tu dois changer à...*
- Tu peux aussi exprimer l'idée de façon impersonnelle, comme une obligation générale. Dans ce cas, tu te serviras d'une formule figée, invariable : **hay que + infinitif**, *il faut...*
  Hay que cambiar en..., *Il faut changer à...*

Se déplacer en métro

el metro	*le métro*
la estación	*la station*
la correspondencia	*la correspondance*
la línea	*la ligne*
cambiar	*changer*
tomar	*prendre*
hasta	*jusqu'à*
luego	*ensuite*

Les couleurs

el color	*la couleur*
amarillo	*jaune*
azul oscuro	*bleu foncé*
azul claro	*bleu clair*
blanco	*blanc*
gris	*gris*
marrón	*marron*
naranja	*orange*
negro	*noir*
rojo	*rouge*
verde	*vert*

18 **Voici un fragment du plan du métro de Madrid. Complète la phrase donnée, en exprimant une obligation impersonnelle (« Il faut... »). Pour identifier les lignes, sers-toi des couleurs.**

Para ir de Sevilla a Embajadores, ... tomar la línea ...., cambiar en .... y luego tomar la línea .... hasta Embajadores.

19 **Sur le même modèle, réponds aux questions suivantes.**

a. ¿Cómo se va de Chueca a Lavapiés?

....

....

20 **Même exercice, mais cette fois tu vas exprimer une obligation personnelle (« Je dois... »).**

a. ¿Cómo voy de Atocha a San Bernardo?

....

....

TÂCHE PRATIQUE : DEMANDER SON CHEMIN

Formuler la demande et remercier

Commence par t'adresser poliment à la personne que tu interroges. Par exemple : **Perdón, estoy buscando la calle...**, *Pardon, je cherche la rue...*
Tu peux ajouter **por favor**, qui sert pour le tutoiement et pour le vouvoiement : **Perdón, ¿cómo se va a la Puerta del Sol, por favor?**, *Pardon, comment va-t-on à la Puerta del Sol, s'il te / vous plaît ?*
Et puis, bien sûr, il faut remercier : **Gracias**, *Merci.* / **Muchas gracias**, *Merci beaucoup.*

Comprendre la réponse

On va probablement te donner des indications à l'impératif (c'est la 2e personne du présent du verbe sans le **-s** final).
Toma a la derecha, *Prends à droite.* (verbe **tomar**)
Gira a la izquierda, *Tourne à gauche.* (verbe **girar**)
Cruza la plaza, *Traverse la place.*
Certains verbes sont irréguliers, comme **ve**, *va*, du verbe **ir** ; ou **sigue**, *continue*, du verbe **seguir**.
On utilisera aussi les démonstratifs et les adverbes de lieu. Retiens **recto**, *tout droit.*
Ve hasta aquella plaza, allí, *Va jusqu'à cette place, là-bas.*
Sigue recto, *Continue tout droit.*

21 **À partir des indications que donne le GPS de ce téléphone portable, trace en rouge le trajet que va suivre Pablo.**

Toma la primera calle a la derecha, sigue recto y luego gira por la tercera calle a la izquierda. Sigue recto, toma la segunda a la derecha y ve recto hasta el mercado.

22 Ana attend Carlos à la Faculté. Remets dans l'ordre (a, b, c, d, e) les indications qu'elle lui donne et trace en bleu son trajet.

- Y por fin tienes que tomar la calle San Rafael, seguir recto y girar por la cuarta a la derecha: es ahí. ◯
- ◯ Sigue recto hasta la Plaza Manuel de Falla.
- Luego hay que tomar la cuarta a la izquierda. ◯
- Tienes que tomar primero la calle Veedor. ◯
- ◯ Cruza la plaza y ve hasta la calle Pérez Galdós.

23 Rosa veut retrouver Carlos à la Plaza de San Antonio. Reconstitue le dialogue en complétant les amorces de phrases.

Perdón, ...
....

< Tienes que tomar la .... a la ...., la calle Torre, y seguir recto.
Luego hay que .... la calle Cervantes y seguir recto .... la Plaza de San Antonio.

Muchas ....
....

DÉCOUVERTE CULTURELLE : LES FÊTES DE FIN D'ANNÉE EN ESPAGNE

- **Du 24 décembre au 1er janvier**

Il y a d'abord **Nochebuena**, mot à mot « *nuit bonne* », qui est la nuit de Noël. Le lendemain, tu souhaites donc **¡Feliz Navidad!**, *Joyeux Noël !* à tes proches.

Une semaine plus tard, c'est **Nochevieja**, mot à mot « *nuit vieille* », la nuit de la Saint-Sylvestre, la dernière, la plus « vieille » de l'année. La tradition veut que l'on avale douze grains de raisin porte-bonheur aux douze coups de minuit. Et puis on crie **¡Feliz año nuevo!**, *Bonne année !* (mot à mot : *heureuse année nouvelle*).

- **Le 6 janvier, día de Reyes**

De plus en plus, **Papá Noel**, le 25 décembre, apporte comme en France des cadeaux aux enfants, mais la date traditionnelle pour les étrennes, c'est le 6 janvier, **día de Reyes**, *jour des Rois*. La veille, **los Reyes Magos**, *les Rois Mages*, **Melchor, Gaspar y Baltasar**, chargés d'apporter les jouets, traversent la ville dans une grande **cabalgata**, *défilé*.

- **Une date dangereuse... : le 28 décembre !**

Le 28 décembre, c'est le jour des **Inocentes**, *Innocents*. Mais ce mot signifie également « naïfs » en espagnol, et c'est donc la date qui équivaut à nos poissons d'avril ! Fausses nouvelles, grosses blagues, canulars : méfiance ! Si tu « marches » dans un de ces pièges, on se moquera de toi en criant : « **¡Inocente, inocente!** »

24 **Sans relire la leçon, écris dans chaque feuille de calendrier l'événement qui lui correspond.**

DICIEMBRE 24	DICIEMBRE 25	DICIEMBRE 31	ENERO 6

25 **Complète les phrases suivantes.**

a. El 1 de enero, deseo un .... a todos mis amigos.

b. Los niños españoles escriben a los Reyes ...., que se llaman ...., ... y ....

c. El 28 de diciembre es el día de los ....

Bilan

Dire qui l'on est et dire où l'on est

1. ....
2. ....

Dire où l'on va, d'où l'on vient et par où l'on passe

3. ....
4. ....
5. ....

Montrer des objets

6. ....
7. ....
8. ....

Nommer et situer les pièces de la maison

9. ....
10. ....

Nommer et situer des meubles et les éléments de la maison

11. ....
12. ....

Dire et demander une date

13. ....
14. ....

Compter jusqu'à 100 et au-delà

15. ....
16. ....

Dire sa date de naissance

17. ....

Se déplacer en métro

18. ....
19. ....
20. ....

Tâche pratique

Demander son chemin

21. ....
22. ....
23. ....

Découverte culturelle

Les fêtes de fin d'année en Espagne

24. ....
25. ....

¿Te gusta?

Objectifs

- **Tu vas apprendre à :**
  - Dire « j'aime »
  - Dire « j'adore » et « j'ai horreur de »
  - Parler de ton humeur
  - Parler de ton alimentation
  - Dire « quelque chose », « quelqu'un », « rien » et « personne »
  - Parler de l'habillement
  - Dire un prix
  - Faire une proposition
  - Accepter ou refuser
  - Exprimer un souhait
  - Faire une demande, une recommandation

- **Pour cela, tu vas maîtriser :**
  - Les verbes à construction indirecte : **gustar**, **encantar**, **horrorizar**, **apetecer**
  - L'emploi de **estar + adjectif**
  - L'adverbe interrogatif **¿por qué?** et la conjonction **porque**
  - Les quantificateurs : **muy**, **mucho**, **poco**, **bastante**, **demasiado**
  - Les indéfinis : **nada**, **nadie**, **algo**, **alguien**
  - La conjugaison du verbe à affaiblissement **pedir**
  - La conjugaison des verbes à diphtongue (**querer**, **preferir**, **poder**) et en **-go** (**poner**, **decir**)
  - Le présent du subjonctif des verbes réguliers, en **-go** et à diphtongue
  - Le présent du subjonctif des verbes irréguliers **ser**, **estar**, **ver** et **ir**
  - Les emplois du subjonctif : demande (**querer que**), souhait (**desear que**), recommandation (**pedir que**, **decir que**)

  - Lexique : les adjectifs qualifiant les humeurs et états d'âme ; les noms de fruits et légumes, de vêtements, d'aliments ; diverses formules d'acceptation et de refus

- **Tu seras aussi capable de :**
  - Faire un dessert glacé espagnol : **la leche merengada**

- **Et tu vas découvrir :**
  - La géographie et le climat de l'Espagne

Module 5

Dire « j'aime »

- Tu le sais peut-être déjà, *Je t'aime* se dit en espagnol **Te quiero**. Il s'agit du verbe à diphtongue **querer**, que tu sais maintenant conjuguer.
  ¿Me quieres?, *Tu m'aimes ?*
  Sí, ¡te quiero mucho!, *Oui, je t'aime beaucoup !*
- Attention ! **Querer** s'emploie quand on parle d'affection, d'amour ou de sentiments, pas quand on veut dire qu'on aime le sport, par exemple. On utilise dans ce cas le verbe **gustar**, *plaire*, avec un pronom personnel indirect : **Me gusta el deporte**, mot à mot : *Le sport me plaît.*
- **Gustar** s'accorde avec le sujet, au singulier ou au pluriel : **Me gustan los libros**, *J'aime les livres* (mot à mot : *Me plaisent les livres*).

querer	gustar
quiero	**Me gusta el fútbol**, *J'aime le football* (= *Me plaît le football*)
quieres	**Te gustan los animales**, *Tu aimes les animaux* (= *Te plaisent...*)
quiere	**Le gustan los idiomas**, *Il aime les langues* (*Lui plaisent...*)
queremos	**Nos gusta el domingo**, *Nous aimons le dimanche* (*Nous plaît...*)
queréis	**Os gustan los exámenes**, *Vous aimez les contrôles* (*Vous plaisent...*)
quieren	**Les gusta leer**, *Ils aiment lire* (*Leur plaît...*)

1 ***Gustar*** **ou** ***querer*** **? Remplace le cœur par le verbe approprié et rédige les phrases.**

a. ellos ❤ los fines de semana → ....

b. vosotros ❤ Navidad → ....

c. tú ❤ tus hermanos → ....

d. nosotros ❤ las ciudades pequeñas → ....

....

e. yo ❤ mis padres → ....

f. ella ❤ su abuela → ....

Dire « j'adore » et « j'ai horreur de »

- Sur le même modèle que **gustar**, voici **encantar**, mot à mot *enchanter*, qui va te permettre de dire *j'adore* ; et aussi **horrorizar**, mot à mot *faire horreur*, pour dire *j'ai horreur de*.
  Me encanta España, *J'adore l'Espagne* (= *m'enchante l'Espagne*)
  Me horrorizan las ciudades, *J'ai horreur des villes* (= *me font horreur les villes*)
- Parfois, parce qu'il faut préciser la personne, tu vas devoir ajouter la préposition **a** : **A Pedro le encanta comer**, *Pedro adore manger*. De même, pour insister, tu diras par exemple : **A mí no me gusta el colegio**, *Moi, je n'aime pas le collège*.

double pronom personnel		verbe
après préposition	**indirect**	
a mí	me	gusta(n)... encanta(n)... horroriza(n)...
a ti	te	
a él / ella / usted	le	
a nosotros (-as)	nos	
a vosotros (-as)	os	
a ellos / ellas	les	

Fruits et légumes

el albaricoque	*l'abricot*
el coco	*la noix de coco*
el limón	*le citron*
el melocotón	*la pêche*
el plátano	*la banane*
la cereza	*la cerise*
la manzana	*la pomme*
la naranja	*l'orange*
la pera	*la poire*
la uva	*le raisin*
el pimiento	*le poivron*
el puerro	*le poireau*
el tomate	*la tomate*
la alcachofa	*l'artichaut*

la cebolla	*l'oignon*
la coliflor	*le chou-fleur*
la lechuga	*la laitue*
la patata	*la pomme de terre*
la zanahoria	*la carotte*
las judías verdes	*les haricots verts*

2 Écris les cinq phrases qui correspondent à ce tableau. Modèle : « *María adore ♥ les tomates et elle aime ♥ les pommes, mais elle n'aime pas 👎 la noix de coco et elle a horreur 👎 du poivron.* » Attention : dans chaque phrase, tu dois mettre le nom du fruit ou du légume au singulier s'il n'y a qu'un pictogramme et au pluriel s'il y en a plusieurs.

	♥	♥	👎	👎
María				
los niños				
yo				
nosotros				
tú				

a. A María ....

....

b. A los niños ....

....

c. A ....

....

d. A ....

....

e. A ....

....

3 Traduis ces phrases, où « vous » représente le vouvoiement de politesse, en commençant par la préposition *A*.

a. Aimez-vous les chats ? ....

b. Aimez-vous le cinéma ? ....

c. Vous adorez Madrid. ....

d. Vous avez horreur du métro. ....

4 Traduis ces phrases, où « vous » représente la 2e personne du pluriel. N'utilise pas la préposition *A*.

a. Aimez-vous les mathématiques ? ....

b. Aimez-vous ma chambre ? ....

c. Vous adorez mes chiens. ....

d. Vous avez horreur de la musique. ....

Parler de son humeur

- Pour parler de l'identité, du caractère ou de l'aspect physique d'une personne, tu as vu qu'on utilise le verbe **ser** :
  Somos españoles, *Nous sommes espagnols.*
  Es alta, *Elle est grande.*
  Son simpáticos, *Ils sont sympathiques.*
- En revanche, si tu veux parler de l'humeur, de l'état d'âme, de l'état de santé, de ce qui est changeant, tu utiliseras le verbe **estar** :
  Estoy triste, *Je suis triste.*
  Estamos resfriados, *Nous sommes enrhumés.*
- On peut t'interroger sur ton état d'âme ou ton attitude. Distingue bien la question **¿Por qué...?**, *Pourquoi... ?* (en deux mots, avec un accent aigu) et la réponse **porque...**, *parce que...* (en un mot, sans accent).
  ¿Por qué estás alegre?, *Pourquoi es-tu joyeux ?*
  Porque tengo buenas notas, *Parce que j'ai de bonnes notes.*

5 Le français et l'espagnol sont des langues latines, et de nombreux termes ont une origine commune. Avec un peu d'intuition, tu peux donc parfois deviner le sens ou la forme d'un mot. Essaye ! Associe un début de mot (à gauche) et une fin (à droite) et écris la traduction espagnole des huit adjectifs donnés.

can... •	• ... fermo
con ... •	• ... tivo
enamo... •	• ... rioso
en... •	• ... cupado
fu... •	• ... prendido
pensa... •	• ... sado
preo... •	• ... rado
sor... •	• ... tento

a. Amoureux → ....

b. Content → ....

c. Fatigué → ....

d. Surpris → ....

e. Malade → ....

f. Inquiet → ....

g. Furieux → ....

h. Pensif → ....

6 Voici un petit texte d'une romancière argentine : c'est l'histoire d'une jeune fille qui écrit des lettres à son fiancé, *su novio*. Complète la traduction.

Le mando cartas escritas en diferentes colores de papel, según mi estado de ánimo. A veces, cuando estoy alegre, en un papel rosa. Cuando estoy celosa, en un papel amarillo. Cuando estoy triste, en un papel violeta, un violeta tan precioso que a veces deseo estar triste.

Silvina Ocampo, *La furia y otros cuentos*, 1982.

Je lui envoie des lettres écrites sur ....
.... selon mon ....
...., quand je suis
joyeuse, sur .... Quand je suis
jalouse, sur .... jaune. Quand je suis
triste, ..., un .... si joli
que ....

7 **À chacun des personnages est associée une couleur de papier, selon son état d'âme, comme dans le texte. Rédige 4 phrases sur ce modèle : « Quand je suis..., j'écris sur un papier... ». Les 4 états d'âme correspondent (dans le désordre) aux adjectifs a, b, c, d de l'exercice 5.**

a. Cuando ....

....

b. ....

....

c. ....

....

d. ....

....

8 Pour chaque personnage, rédige un court dialogue. Modèle : « Pourquoi écris-tu sur un papier.... ? » / « Parce que je suis .... ». Les quatre états d'âme correspondent (dans le désordre) aux adjectifs e, f, g, h de l'exercice 5.

a. ....

b. ....

c. ....

d. ....

e. ....

f. ....

g. ....

h. ....

Parler de son alimentation

Très, beaucoup et peu

- **Muy**, **mucho** et **poco** sont des adverbes invariables :
  Soy muy glotón, *Je suis très glouton.*
  Bebes mucho, *Tu bois beaucoup.*
  Come poco, *Il mange peu.*
- Devant un nom, **mucho** et **poco** sont des adjectifs et s'accordent. Attention : on les construit directement, sans la préposition *de* qu'on utilise en français :
  Comes mucha lechuga, *Tu manges beaucoup de laitue.*
  Compras muchos albaricoques, *Tu achètes beaucoup d'abricots.*
- Tu peux aller plus loin, en utilisant **muy** ou la terminaison **-ísimo/-a** :
  Comes muy poco ou **Comes poquísimo**, *Tu manges très peu.*
  Comes muy pocas (ou **poquísimas**) **patatas**, *Tu manges très peu de pommes de terre.*
  Comes muchísimos plátanos, *Tu manges énormément de bananes.*

Assez et trop

- **Bastante**, *assez*, et **demasiado**, *trop*, sont également adverbes ou adjectifs.
  Bebes demasiado y no comes bastante, *Tu bois trop et tu ne manges pas assez.*
  No comes bastantes manzanas, *Tu ne manges pas assez de pommes.*
  Compran demasiadas patatas, *Ils achètent trop de pommes de terre.*

Avoir faim, avoir soif

- **Tengo hambre**, *J'ai faim*, et **Tengo sed**, *J'ai soif*, sont les deux formules de base.
  Si tu veux insister, tu utiliseras ici l'adjectif **mucha** :
  Tengo mucha hambre, *J'ai très faim* (mot à mot : *beaucoup faim*)
  Tienes mucha sed, *Tu as très soif* (mot à mot : *beaucoup soif*)

9 **Observe la pyramide alimentaire : que faut-il prendre en grandes ou très grandes quantités ? Complète les recommandations suivantes.**

Para tener una alimentación equilibrada...

a. hay que beber .... agua, ... zumos de fruta y .... té.

b. tienes que comer .... pasta, ... legumbres, ... pan y .... arroz.

Les aliments

el agua*	*l'eau*	el huevo	*l'œuf*
la gaseosa	*le soda*	las legumbres	*les légumes secs*
la leche	*le lait*	la mantequilla	*le beurre*
el zumo	*le jus de fruit*	el pan	*le pain*
el té	*le thé*	la pasta	*les pâtes*
el arroz	*le riz*	el pescado	*le poisson*
el azúcar	*le sucre*	el pollo	*le poulet*
la carne	*la viande*	el queso	*le fromage*
los chuches	*les sucreries*	la verdura	*les légumes verts*
la fruta	*les fruits*	el yogur	*le yaourt*

***Agua** s'emploie avec l'article masculin, mais c'est un mot féminin.

10 **Maintenant fais les recommandations contraires : dis ce qu'il faut prendre en petites et très petites quantités (« peu de... » / « très peu de... »). Consulte la pyramide et nomme tous les aliments concernés.**

Para tener una alimentación equilibrada...

a. tienes que tomar ....

....

b. hay que tomar ....

....

11 **Cette assiette représente le régime alimentaire de Madame Lopez. Que va lui dire son médecin ? Rédige deux phrases, en vouvoyant, une qui dit : « Vous prenez trop de... » et l'autre « Vous ne mangez pas assez de... ».**

a. Señora López, toma usted ....

....

....

b. Y no come usted ....

....

....

12 **Cette assiette représente le régime alimentaire de Monsieur Garcia. Rédige deux phrases sur le modèle de l'exercice précédent.**

a. Señor Garcia, toma usted ....

....

....

b. Y no toma ....

....

....

Dire « quelque chose », « quelqu'un », « rien » et « personne »

- Quatre pronoms usuels désignent des réalités indéfinies : **algo**, **alguien**, **nada** et **nadie** :
  ¿Hay alguien?, *Il y a quelqu'un ?*
  No, no hay nadie, *Non, il n'y a personne.*
  ¿Ves algo?, *Tu vois quelque chose ?*
  No, no veo nada, *Non, je ne vois rien.*
- Attention : **alguien** et **nadie** représentent des personnes. Lorsque ces mots sont compléments d'objet direct, ils sont donc précédés de la préposition **a** :
  ¿Conoces a alguien en Madrid?, *Tu connais quelqu'un à Madrid ?*
  No, no conozco a nadie allí, *Non, je ne connais personne là-bas.*

13 **Complète ces phrases avec *algo* ou *alguien*, puis traduis-les.**

a. ¿A .... le gustan los plátanos?

→ ....

b. ¿Deseas cenar ....?

→ ....

c. ¿Tienes .... para mí?

→ ....

d. Hay que hacer ....

→ ....

14 **Complète ces phrases avec *nada* ou *nadie*, puis traduis-les.**

a. .... me quiere.

→ ....

b. No quiero a ....

→ ....

c. A .... le gustan los exámenes.

→ ....

d. Pedro no hace ....

→ ....

Parler de l'habillement

- Pour parler des vêtements, on utilise un nom singulier collectif : **la ropa**. On parle ainsi de **una tienda de ropa**, *un magasin d'habillement.*
- Retiens deux verbes : **llevar**, *porter* et **ponerse** (pronominal), *mettre.* Ce verbe a une 1re personne du singulier en **-go** (**me pongo**, *je mets*) ; la suite de la conjugaison est régulière (**te pones**, *tu mets* ; **se pone**, *il met…*).
  El profesor lleva un pantalón negro, *Le professeur porte un pantalon noir.*
  ¿Qué me pongo?, *Qu'est-ce que je mets ?*
- Parlons des prix… Un *euro* se dit un **euro** ; s'il y a des *centimes*, **céntimos**, on intercale souvent la préposition **con**, *avec*, suivie simplement du chiffre.
  ¿Cuánto cuesta esta gorra?, *Combien coûte cette casquette ?*
  Cuesta quince euros con cincuenta, *Elle coûte quinze euros cinquante.*
- Pour dire si ça te va ou pas, utilise le verbe **quedar**, à construire comme **gustar** ; et ajoute les adverbes que tu as vus pour dire comment on va (p. 36).
  ¿Cómo me queda, bien o mal?, *Comment ça me va, bien ou mal ?*
  Te queda regular, *Ça te va comme ci comme ça.*

Les vêtements

el chándal	*le survêtement*
el cinturón	*la ceinture*
el gorro	*le bonnet*
el jersey	*le pull*
el pantalón	*le pantalon*
el vestido	*la robe*
la camisa	*la chemise*
la camiseta	*le tee-shirt*
la falda	*la jupe*
la gorra	*la casquette*
la sudadera	*le sweat-shirt*
las deportivas	*les baskets*
los calcetines	*les chaussettes*
los vaqueros	*le jean*
los zapatos	*les chaussures*

15 Prends un moment pour mémoriser le nom des vêtements. Sans consulter à nouveau la liste, retrouve le nom de quatre habits en complétant le trajet des flèches (à gauche le début du mot, à droite la fin). Écris-le avec l'article défini au singulier.

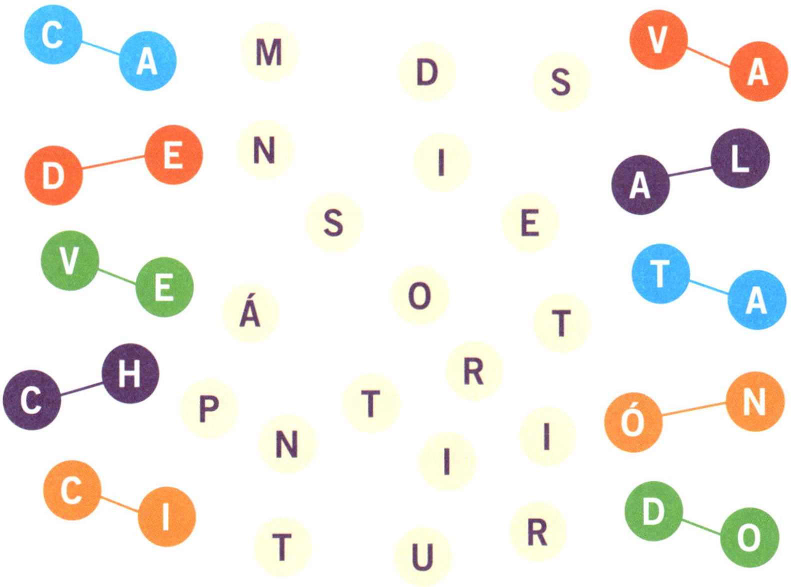

a. ....

b. ....

c. ....

d. ....

e. ....

16 Aide-toi des mots que tu as trouvés à l'exercice précédent pour traduire ces phrases.

a. Qu'est-ce que je mets, une robe ou un tee-shirt ?

→ ....

b. Je porte toujours des baskets.

→ ....

c. Pourquoi ne mets-tu pas une ceinture ?

→ ....

d. Je n'aime pas porter un survêtement quand je vais en cours.

→ ....

17 Voici cinq vêtements, accompagnés de leur prix. Pose la question : « Combien coûte(nt) ce (ces) ... ? » et réponds-y, en écrivant la somme en toutes lettres.

a. ¿ .... ?

b. ....

c. ¿ .... ?

d. ....

e. ¿ .... ?

f. ....

g. ¿ .... ?

h. ....

i. ¿ .... ?

j. ....

18 Rédige cinq phrases pour dire comment ce type de vêtement va aux personnes indiquées. Tu mettras le nom de vêtement au pluriel et tu te serviras des termes : super-bien ❤ / bien 👍 / moyen ★ / mal 👎 / horriblement mal ⚡

mis profesores ⚡ a. ....

mi abuela 👎 b. ....

yo ❤ c. ....

tú ★ d. ....

nosotros 👍 e. ....

Faire une proposition

- Tu as vu **querer** au sens d'*aimer* (d'amour ou d'affection) ; mais, plus couramment, **querer** signifie *vouloir*, et tu vas donc te servir de ce verbe pour faire une proposition.
- Tu peux aussi utiliser d'autres formules, comme **tener ganas de**, *avoir envie de* ; et aussi le verbe **apetecer**, qui se construit comme **gustar**.
  ¿Quieres ir al cine conmigo?, *Tu veux aller au cinéma avec moi ?*
  ¿Tienes ganas de ver la tele?, *Tu as envie de regarder la télé ?*
  ¿Te apetece salir?, *Ça te dit de sortir ?*

19 **Voici trois propositions d'activités. Pour chacune d'entre elles, reformule la phrase en donnant les deux autres formules possibles. Respecte bien la personne grammaticale donnée dans l'exemple.**

¿Quieres ir a un concierto conmigo?

a. ....

b. ....

¿Tenéis ganas de ir de vacaciones a España?

c. ....

d. ....

¿Le apetece tocar la guitarra, señora?

e. ....

f. ....

Les loisirs

un concierto	*un concert*
un museo	*un musée*
visitar	*visiter*
una guitarra	*une guitare*
tocar la guitarra	*jouer de la guitare*

las vacaciones	*les vacances*
ir de vacaciones	*aller en vacances*
una tienda	*un magasin*
ir de tiendas	*faire les magasins*

Accepter ou refuser

- **Sí**, *oui*, est la réponse la plus simple pour accepter une proposition ; mais tu peux bien sûr développer un peu. Par exemple :
  Sí, por supuesto, *Oui, bien sûr.*
  Sí, ¡qué buena idea!, *Oui, quelle bonne idée !*
  ¡Claro que sí!, *Bien sûr que oui !*
- Si tu veux refuser, ne dis pas simplement **¡No!**, *Non !* Utilise une formule polie, et puis donne une raison, comme « je ne peux pas », « je préfère », etc.
  Lo siento, no puedo salir hoy,
  Je suis désolé(e), je ne peux pas sortir aujourd'hui.
  Gracias, pero prefiero quedarme en casa,
  Merci, mais je préfère rester à la maison.

poder	preferir
puedo	prefiero
puedes	prefieres
puede	prefiere
podemos	preferimos
podéis	preferís
pueden	prefieren

20 **Voici trois propositions d'activités et, pour chacune, une amorce de réponse (positive et négative). Tu vas développer ces réponses en recopiant, à la suite, la phrase qui convient parmi celles des étiquettes.**

Tengo muchísima sed.
Prefiero visitar un museo.
Me encanta comprar ropa.
¿El negro o el azul?
Prefiero un zumo de naranja.
Solo tengo uno y lo estoy utilizando.

¿Te apetece ir de tiendas conmigo?

a. Sí, por supuesto. ....

b. Gracias, pero ....

¿Me puedes prestar un bolígrafo, por favor?

c. ¡Claro que sí! ....

d. Lo siento, no puedo. ....

¿Quieres una gaseosa?

e. ¡Sí, qué buena idea! ....

f. No, gracias, ...

Exprimer un souhait

- Si tu exprimes un désir ou un souhait dans une phrase complexe (une principale + une subordonnée), tu vas devoir, comme en français, utiliser le subjonctif : Je veux que tu fasses…, Je souhaite que tu ailles…
- Pour former le subjonctif présent régulier, il te suffit de changer les voyelles finales du présent de l'indicatif : les verbes en **-ar** feront le subjonctif en **-e** ; les verbes en **-er** et en **-ir** auront, eux, des terminaisons en **-a**.
  Quiero que trabajes más,
  Je veux que tu travailles plus.
  Deseo que vivas muchos años,
  Je souhaite que tu vives de nombreuses années.

subjonctif présent régulier		
trabajar	**comer**	**vivir**
trabaje	coma	viva
trabajes	comas	vivas
trabaje	coma	viva
trabajemos	comamos	vivamos
trabajéis	comáis	viváis
trabajen	coman	vivan

21 Dans les phrases suivantes, barre la forme verbale qui est fausse.

a. La abuela quiere que le [escribimos] [escribamos] una carta.

b. Y también desea que tú le [mandes] [mandas] un mensaje.

c. Quiere que yo lo [leo] [lea] porque no ve muy bien.

d. Desea que todos sus nietos la [visitan] [visiten] por su cumpleaños.

e. Y quiere que le [habléis] [habláis] por teléfono a menudo.

22 Traduis les phrases suivantes.

a. Tu veux que nous passions par la rue Mayor ?

→ ....

b. Ta femme ne veut pas que tu boives.

→ ....

c. Je veux que mes amis jouent au football avec moi.

→ ....

d. Nous souhaitons que ce livre vous plaise.

→ ....

Faire une demande, une recommandation

- Les phrases du type *Je te demande de* + infinitif ou *Je te dis de* + infinitif se rendent en espagnol par **que + subjonctif**.
  Me pide que compre manzanas, *Il me demande d'acheter des pommes.*
  Mi médico me dice que coma menos, *Mon médecin me dit de moins manger.*
- **Pedir**, *demander*, appartient à la famille des verbes dits « à affaiblissement » : aux trois premières du singulier et la 3e du pluriel, le **-e** du radical devient un **-i**.
- **Decir**, *dire*, a deux irrégularités : la 1re personne du présent de l'indicatif est en **-go** ; et c'est aussi par ailleurs un verbe à affaiblissement.

pedir, *demander*	**decir**, *dire*
pido, *je demande*	digo, *je dis*
pides, *tu demandes*	dices, *tu dis*
pide, *il demande*	dice, *il dit*
pedimos, *nous demandons*	decimos, *nous disons*
pedís, *vous demandez*	decís, *vous dites*
piden, *ils demandent*	dicen, *ils disent*

- Le radical du présent du subjonctif est celui de la 1re personne du présent. Lorsque celle-ci est irrégulière, tout le subjonctif l'est aussi : c'est le cas des verbes en **-go**. Les verbes à diphtongue, eux, se modifient aux mêmes personnes qu'à l'indicatif ; et puis il y a des verbes usuels irréguliers.

quelques subjonctifs particuliers					
verbes en -go	**verbes à diphtongue**	**verbes irréguliers usuels**			
hacer	**pensar**	**ser**	**estar**	**ir**	**ver**
haga	piense	sea	esté	vaya	vea
hagas	pienses	seas	estés	vayas	veas
haga	piense	sea	esté	vaya	vea
hagamos	pensemos	seamos	estemos	vayamos	veamos
hagáis	penséis	seáis	estéis	vayáis	veáis
hagan	piensen	sean	estén	vayan	vean

23 **Que demandent ces parents à leur fils ?**
Complète l'amorce de phrase en reprenant les cinq étiquettes.

a. leer más | b. tener buenas notas | c. hacer la tarea antes de jugar | d. no ver tanto la tele | e. no salir tanto con los amigos

Mis padres me dicen que…

a. ....

b. ....

c. ....

d. ....

e. ....

24 **Retrouve dans la grille cinq formes verbales au subjonctif ; entoure-les et introduis-les dans la phrase qui convient.**

a. La abuela nos pide que .... mucho en ella.

b. Deseamos que tus padres .... muy bien.

c. Os pido que .... buenos con el perro.

d. Mi padre no quiere que .... al baloncesto.

e. No me gusta que .... en el sillón.

P	A	S	E	Á	I	S
E	S	C	R	I	N	P
N	O	L	U	N	T	E
S	J	Y	P	O	D	N
D	U	E	R	M	A	S
E	E	N	T	R	O	E
C	G	A	T	O	L	M
I	U	I	H	I	J	O
R	E	S	T	É	N	S

25 Traduis ces phrases.

a. Je te demande de te coucher avant dix heures du soir.

→ ....

b. Ils me demandent d'aller à la boulangerie.

→ ....

c. Nous te demandons de ne pas sortir la nuit.

→ ....

d. Pourquoi me dites-vous de ne pas mettre la jupe bleue ?

→ ....

e. Pourquoi leur dis-tu de prendre à droite ?

→ ....

TÂCHE PRATIQUE : FAIRE UN DESSERT GLACÉ ESPAGNOL : LA *LECHE MERENGADA*

Los helados, *les glaces*, et **los batidos**, *les milk-shake*, sont semblables à ceux que tu trouves en France, mais il y a aussi des boissons et des desserts glacés typiquement espagnols. **El limón granizado**, par exemple (jus de citron, sucre et glace pilée) ou **la horchata** (boisson sucrée glacée à base de souchet, un petit tubercule au goût de noisette). Et aussi **la leche merengada**, *lait meringué*, dont voici la recette !

1 Batir las claras de dos huevos a punto de nieve con 20 gramos de azúcar.

2 Hervir medio litro de leche con un palo de canela, la cáscara de un limón y 130 gramos de azúcar. Dejar enfriar y mezclar con las claras. Meter en el congelador.

3 Servir en una copa, espolvorear con canela y adornar con barquillos.

26 Cherche dans la recette la traduction espagnole de ces mots :

bouillir	....	*refroidir*	....
décorer	....	*saupoudrer*	....
en neige	....	*un bâton*	....
gaufrette	....	*un blanc d'œuf*	....
mélanger	....	*un zeste*	....

DÉCOUVERTE CULTURELLE : GÉOGRAPHIE ET CLIMAT DE L'ESPAGNE

- L'Espagne possède 6 000 kilomètres de côtes, mais c'est aussi le pays le plus montagneux d'Europe, après la Suisse et l'Autriche. La plus grande partie du pays est en effet occupée par la Meseta, un haut plateau. Madrid est ainsi la plus haute capitale d'Europe (667 mètres).
- Le climat de l'Espagne est donc méditerranéen, mais avec de fortes nuances : océaniques dans le Nord, continentales au cœur de la Meseta, et parfois subtropicales dans le Sud ; et de grandes variations de température selon l'altitude.

Le temps

el sol	*le soleil*	la nieve	*la neige*	el viento	*le vent*
soleado	*ensoleillé*	nieva	*il neige*	soplar	*souffler*
hace calor	*il fait chaud*	el cielo	*le ciel*	el Norte	*le nord*
hace frío	*il fait froid*	nuboso	*nuageux*	el Este	*l'est*
la lluvia	*la pluie*	cubierto	*couvert*	el Oeste	*l'ouest*
llueve	*il pleut*	despejado	*dégagé*	el Sur	*le sud*

27 Consulte la carte météo du 15 août et coche *Verdadero* ou *Falso* face aux affirmations suivantes.

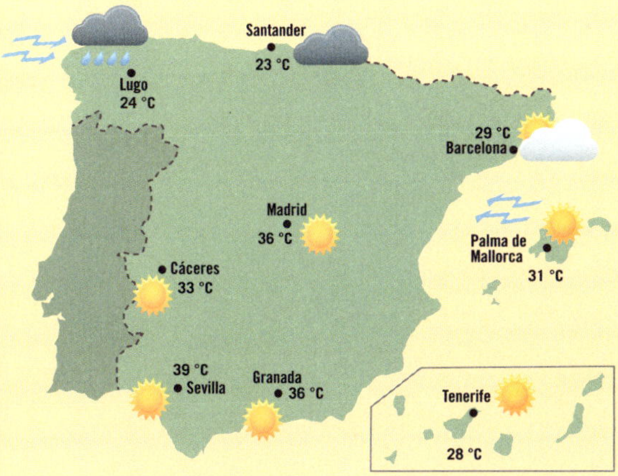

		V	F
a.	Las temperaturas son superiores a treinta grados en el Norte.		
b.	Nieva en Galicia.		
c.	El cielo está despejado en el Sur.		
d.	El cielo está cubierto en Cataluña.		
e.	El cielo está nuboso en el País Vasco.		
f.	Hace mucho calor en Andalucía.		
g.	Sopla viento de Oeste en Galicia.		
h.	Sopla viento de Este en las Baleares.		
i.	Hace frío en las Canarias.		

28 Complète le bulletin météo correspondant à la carte du 25 décembre. Tu dois parfois introduire des noms de régions et de villes ou des points cardinaux, et parfois des phénomènes climatiques (vent, état du ciel, etc.).

Hoy 25 de diciembre ....
en todo el país, con temperaturas inferiores
a cero en ....
y en ....
Las temperaturas son superiores a diez
grados únicamente en ....,
y por supuesto en las ....,
que tienen la máxima con ....
grados.

.... en Madrid y en Granada
y .... fuertes vientos en
el .... y en el .... de Andalucía.

El .... está .... en el País Vasco y en Cataluña
y .... en Galicia.

Bilan

Dire « j'aime »

1. ....

Dire « j'adore » et « j'ai horreur de »

2. ....
3. ....
4. ....

Parler de son humeur

5. ....
6. ....
7. ....
8. ....

Parler de son alimentation

9. ....
10. ....
11. ....
12. ....

Dire « quelque chose », « quelqu'un », « rien » et « personne »

13. ....
14. ....

Parler de l'habillement

15. ....
16. ....
17. ....
18. ....

Faire une proposition

19. ....

Accepter ou refuser

20. ....

Exprimer un souhait

21. ....
22. ....

Faire une demande, une recommandation

23. ....
24. ....
25. ....

Tâche pratique

Faire un dessert glacé espagnol : la *leche merengada*

26. ....

Découverte culturelle

Géographie et climat de l'Espagne

27. ....
28. ....

Infinitivo *(infinitif)*	Presente de indicativo *(indicatif présent)*	Presente de subjuntivo *(subjonctif présent)*	Imperativo *(impératif)*		Gerundio / part. pasivo *(part. présent / passé)*
Les verbes réguliers					
Hablar *parler*	hablo hablas habla hablamos habláis hablan	hable hables hable hablemos habléis hablen	habla	hablad	hablando hablado
Aprender *apprendre*	aprendo aprendes aprende aprendemos aprendéis aprenden	aprenda aprendas aprenda aprendamos aprendáis aprendan	aprende	aprended	aprendiendo aprendido
Vivir *vivre*	vivo vives vive vivimos vivís viven	viva vivas viva vivamos viváis vivan	vive	vivid	viviendo vivido
Les verbes à diphtongue e → ie o → ue					
Pensar *penser*	pienso piensas piensa pensamos pensáis piensan	piense pienses piense pensemos penséis piensen	piensa	pensad	pensando pensado
Entender *comprendre*	entiendo entiendes entiende entendemos entendéis entienden	entienda entiendas entienda entendamos entendáis entiendan	entiende	entended	entendiendo entendido
Contar *raconter*	cuento cuentas cuenta contamos contáis cuentan	cuente cuentes cuente contemos contéis cuenten	cuenta	contad	contando contado
Mover *bouger*	muevo mueves mueve movemos movéis mueven	mueva muevas mueva movamos mováis muevan	mueve	moved	moviendo movido
Les verbes à affaiblissement e → i					
Pedir *demander*	pido pides pide pedimos pedís piden	pida pidas pida pidamos pidáis pidan	pide	pedid	pidiendo pedido

Même modèle pour : seguir, corregir, despedir, elegir, impedir, medir, servir, vestir.

Infinitivo *(infinitif)*	Presente de indicativo *(indicatif présent)*	Presente de subjuntivo *(subjonctif présent)*	Imperativo *(impératif)*		Gerundio / part. pasivo *(part. présent / passé)*
Les verbes à alternance e → ie et i o → ue et u					
Sentir *sentir, ressentir*	siento sientes siente sentimos sentís sienten	sienta sientas sienta sintamos sintáis sientan	siente	sentid	sintiendo sentido

Même modèle pour : divertir, mentir, preferir, sugerir.

Dormir *dormir*	duermo duermes duerme dormimos dormís duermen	duerma duermas duerma durmamos durmáis duerman	duerme	dormid	durmiendo dormido

Même modèle pour : morir.

Les verbes en -acer / -ecer / -ocer / -ucir, type conocer c → zc					
Conocer *connaître*	conozco conoces conoce conocemos conocéis conocen	conozca conozcas conozca conozcamos conozcáis conozcan	conoce	conoced	conociendo conocido

Même modèle pour : nacer, obedecer, padecer, parecer, pertenecer, relucir.

Autres verbes irréguliers					
Decir *dire*	digo dices dice decimos decís dicen	diga digas diga digamos digáis digan	di	decid	diciendo dicho
Estar *être*	estoy estás está estamos estáis están	esté estés esté estemos estéis estén	está	estad	estando estado
Hacer *faire*	hago haces hace hacemos hacéis hacen	haga hagas haga hagamos hagáis hagan	haz	haced	haciendo hecho
Ir *aller*	voy vas va vamos vais van	vaya vayas vaya vayamos vayáis vayan	ve	id	yendo ido

Infinitivo *(infinitif)*	Presente de indicativo *(indicatif présent)*	Presente de subjuntivo *(subjonctif présent)*	Imperativo *(impératif)*		Gerundio / part. pasivo *(part. présent / passé)*
Autres verbes irréguliers					
Poder *pouvoir*	puedo puedes puede podemos podéis pueden	pueda puedas pueda podamos podáis puedan	–	–	pudiendo podido
Poner *mettre, poser*	pongo pones pone ponemos ponéis ponen	ponga pongas ponga pongamos pongáis pongan	pon	poned	poniendo puesto
Querer *vouloir, aimer*	quiero quieres quiere queremos queréis quieren	quiera quieras quiera queramos queráis quieran	quiere	quered	queriendo querido
Salir *sortir, partir*	salgo sales sale salimos salís salen	salga salgas salga salgamos salgáis salgan	sal	salid	saliendo salido
Ser *être*	soy eres es somos sois son	sea seas sea seamos seáis sean	sé	sed	siendo sido
Tener *avoir, posséder*	tengo tienes tiene tenemos tenéis tienen	tenga tengas tenga tengamos tengáis tengan	ten	tened	teniendo tenido
Venir *venir*	vengo vienes viene venimos venís vienen	venga vengas venga vengamos vengáis vengan	ven	venid	viniendo venido
Ver *voir*	veo ves ve vemos veis ven	vea veas vea veamos veáis vean	ve	ved	viendo visto

Module 0

1 **a.** Alejandro **b.** Guillermo **c.** Azucena

2 **a.** e-ene-erre-i-cu-u-e-te-a **b.** ce-hache-a-be-e-ele-i **c.** i-eñe-a-ka-i

3 Auto-correction

4 **a.** Guadalupe **b.** Maitena **c.** Neus

5 **a.** [paoula] **b.** [éloï] **c.** [ounaï]

6 **a.** [R] **b.** [RR] **c.** [RR] **d.** [R] **e.** [RR] **f.** [R] **g.** [R]

7 **a.** [libRo] **b.** [couadéRno] **c.** [RRotouladoR] **d.** [goma dé boRRaR] **e.** [bolígRafo]

8 **a.** Jirafa **b.** Águila **c.** Gorila **d.** Iguana **e.** Abeja **f.** Jaguar

9 **a.** 2 **b.** 3 **c.** 1 **d.** 1 **e.** 2 **f.** 1 **g.** 3 **h.** 3 **i.** 2

10 **a.** [fRa'nTHia] **b.** [couTHco] **c.** [souiTHa] **d.** [bRaSSil] **e.** [bouénoSS aïReSS]

11 **a.** diferente **b.** pasajero **c.** adición **d.** literatura **e.** aprender **f.** comunicación

12 **a.** matemáticas **b.** gimnasia **c.** ortografía **d.** fotógrafo **e.** sinfonía

13

Lima	X				
Córdoba					X
Santander				X	
Cádiz	X				
Ibiza			X		
Teruel		X			
Badajoz				X	
Medellín				X	
Santiago			X		
Quito	X				
Burgos	X				

14 **a.** Gasol □ ■ **b.** Muguruza □ □ ■ □
c. Lorenzo □ ■ □ **d.** Ferrer □ ■
e. Alcaraz □ □ ■

15 **a.** Márquez **b.** Sánchez **c.** Gayá **d.** Valdés **e.** Simón

Module 1

1 **a.** Buenos días. **b.** Buenas tardes. **c.** Buenas noches. **d.** Buenas noches.

2 **a.** Adiós. / Hasta pronto. (Elles ne vont pas se revoir le lendemain) **b.** Adiós. (Ils se fâchent) **c.** Adiós. / Hasta luego. / Hasta mañana. (Sortie du collège : ils peuvent se revoir demain ou peut-être un peu plus tard dans la soirée)

3 **a.** Hola, me llamo Marta. **b.** Soy española. **c.** Se llama Jean. **d.** Es francés. **e.** Te llamas Florence. **f.** Eres francesa.

4 **a.** apellido **b.** nombre **c.** apellido **d.** nombre **e.** apellido **f.** apellido **g.** nombre **h.** nombre **i.** apellido **j.** nombre

5 **a.** ¿Cómo te llamas? **b.** ¿Cuál es tu nombre? **c.** ¿Cuál es su apellido? **d.** ¿Cómo se llama?

6 **a.** dos **b.** diez **c.** seis **d.** doce **e.** siete **f.** once **g.** nueve **h.** tres **i.** cinco

7 **a.** El rey y el siete de copas suman diecinueve puntos. **b.** La sota y el siete de oros suman diecisiete puntos. **c.** El cuatro y el caballo de espadas suman quince puntos.

8 **a.** ¿Cuántos años tiene Juana? Juana tiene dieciséis años. **b.** ¿Qué edad tienes? Tengo catorce años.

9 **a.** ¿Qué edad (ou cuántos años) tiene el rey de España? **b.** ¿Qué edad (ou cuántos años) tiene tu caballo?

10 **a.** Él tiene dieciocho años. ¿Y ella, qué edad tiene? **b.** Yo tengo diecisiete años. ¿Y tú, qué edad tienes?

11 **a.** Vivo en Madrid. **b.** Madrid es una ciudad grande.

12 **a.** Carmen vive en Rodalquilar. **b.** Rodalquilar es un pueblo pequeño.

13 **a.** Hola, María, ¿Dónde vives? **b.** Vivo en Santiago de Compostela. **c.** ¿Cómo es tu ciudad? **d.** Es una ciudad mediana.

14 alemán, Alemania / argelino, Argelia / camerunés, Camerún / chino, China / estadounidense, Estados Unidos / inglés, Inglaterra / italiano, Italia / portugués, Portugal / tunecino, Túnez / vietnamita, Vietnam

15 **a.** Soy camerunesa. **b.** Soy vietnamita. **c.** Soy italiana. **d.** Soy estadounidense.

16 ¿De dónde eres? **a.** Soy argelina. **b.** Soy alemán. **c.** Soy china. **a.** Soy portugés.

17 **a.** Nací en París y soy francesa. **b.** ¿Eres marroquí? **c.** Es belga. **d.** Yo soy portugués y ella es tunecina. **e.** Tú eres inglesa y él es francés.

18

h	a	b	l	a	s		
			l	e	é	i	s
e	s	c	r	i	b	o	
e	s	c	r	i	b	í	s
l	e	e	m	o	s		
	h	a	b	l	a	n	
				l	e	e	n
h	a	b	l	a	m	o	s

19 **a.** ¿Cuántos idiomas leéis? **b.** Leemos el inglés y el portugués. **c.** ¿Qué idiomas escribes? **d.** Escribo el francés y el español. **e.** ¿Qué idioma hablan? **f.** Hablan chino.

20 **a.** ¿Vives en Francia? Sí, vivo en Francia. **b.** ¿Eres de París? Sí, soy de París / No, no soy de París. **c.** ¿Tienes doce años? Sí, tengo doce años. / No, no tengo doce años. **d.** ¿Te llamas Pablo? Sí, me llamo Pablo. / No, no me llamo Pablo.

21 **a.** Hablo español y también lo escribo. **b.** Leo el árabe y también lo escribo, pero no lo hablo.

22 **a.** Hablamos inglés pero no lo escribimos. **b.** Hablamos chino, pero no lo leemos y no lo escribimos.

23 **a.** El nombre de la mujer es Juana. **b.** Sus apellidos son Guillén Fernández. **c.** Vive en Sevilla, en el número 23 de la calle Sierpes (ou en Sierpes 23). **d.** Es de El Escorial. **e.** Su madre se llama Isabel Fernández. **f.** Su padre se llama Fernando Guillén.

24

25

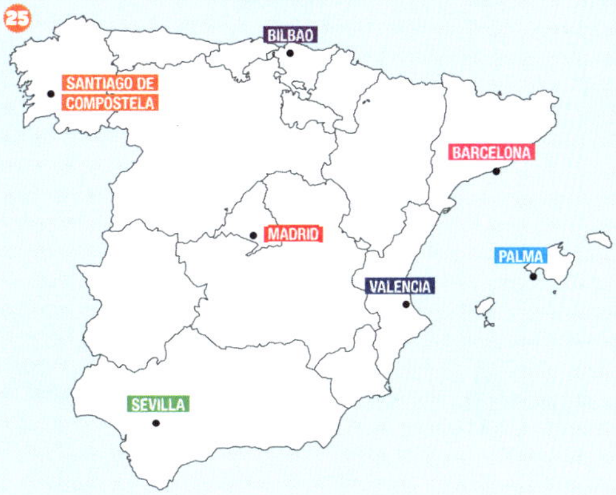

26

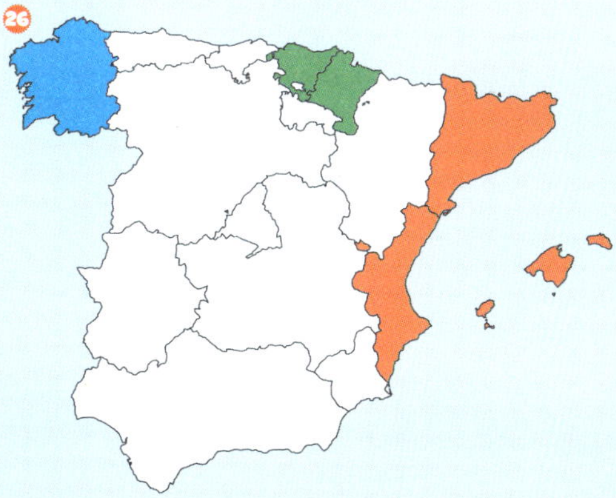

27 **a.** ¿De dónde eres? **b.** Soy de Sevilla. **c.** Soy andaluz. **d.** ¿Eres gallega? **e.** No, no soy gallega. **f.** Soy de Bilbao, soy vasca. **g.** ¿De dónde sois? **h.** Yo soy canaria. **i.** Soy de Palma. **j.** Y yo soy catalán. **k.** Soy de Barcelona.

Module 2

1 **a.** ¿Qué tal estás? **b.** Estoy fatal. **c.** ¿Cómo estáis? **d.** Estamos muy mal. **e.** ¿Qué tal está tu hijo? **f.** Está mal.

2 **a.** ¿Qué tal estás? **b.** Estoy bien. **c.** ¿Qué tal estáis? **d.** Estamos muy bien. **e.** ¿Qué tal están Ana y Pedro? **f.** Están fenomenal.

3 **a.** ¿Cómo está tu hijo? (ou ¿Qué tal está tu hijo?) **b.** Está muy bien, y mi hija también. **c.** ¿Cómo está su padre? (ou ¿Qué tal está su padre?) **d.** Está regular.

4 **a.** ¿Cómo está usted? **b.** ¿Cuántos años tiene usted? **c.** ¿Dónde vive usted? **d.** ¿De dónde es usted? **e.** ¿Cuántos idiomas habla usted?

5 **a.** Yo estoy bien. ¿Y usted? **b.** ¿Cómo se llama usted? **c.** ¿Es usted francesa? **e.** ¿Lee usted el chino? **f.** ¿Escribe usted el árabe?

6 **a.** tratamiento de usted **b.** tratamiento de tú **c.** tratamiento de tú **d.** tratamiento de usted

7 **a.** ¿De dónde es su padre? **b.** No hablo su idioma. **c.** Su pueblo es pequeño. **d.** ¿Cuántos números tiene su calle?

8 **a.** Los profesores son franceses. **b.** Tengo una compañera portuguesa. **c.** El director es andaluz. **d.** Mis amigas hablan español.

9 **a.** La profesora es francesa. **b.** Tengo compañeros portugueses. **c.** Las directoras son andaluzas. **d.** Mi amigo habla español.

10 **a.** Las alumnas del colegio. **b.** La profesora de español. **c.** Los amigos de la directora. **d.** El colegio de las hijas del profesor. **e.** El compañero de las profesoras.

11 **a.** ¡Soy yo! **b.** ¡Somos nosotros! **c.** ¿Sois vosotras? **d.** ¿Son ellos?

12 **a.** ¿Quiénes sois? **b.** ¿Quién es? **c.** ¿Quién soy? **d.** ¿Quiénes son?

13 **a.** Te presento a mi mujer, Carmen. **b.** Te presento a una amiga, Lola. **c.** Ella es la directora del colegio. **d.** Y ellos son tus profesores.

14 **a.** Verdadero **b.** Falso **c.** Verdadero **d.** Falso

15 **a.** Tiene el pelo tan largo como tú. **b.** No llevo la barba tan corta como él. **c.** Somos tan altos y tan fuertes como vosotros.

16 phrases correctes : **a.** Mi padre tiene barba. **b.** Soy pelirrojo. **c.** Dos de mis compañeras tienen el pelo castaño. **d.** Tenéis el pelo largo.

17 phrases correctes : **a.** ¿Lleváis gafas? **b.** Llevas el pelo corto. **c.** Mis hijos son morenos. **d.** No llevamos bigote.

18 a. Soledad es alta y delgada como su padre. b. Paco es bajo y fuerte como su madre.

19 a. Paco es moreno como su padre y lleva también el pelo corto. b. Soledad es rubia como su madre y lleva también el pelo largo. c. El padre lleva bigote como el abuelo.

20 a. Paco y Soledad llevan gafas como sus abuelos. b. Paco y Soledad tienen los ojos azules como sus padres.

21 **a.** Lucía es lista. **b.** Nicolás es simpático. **c.** María es buena **d.** Juan es trabajador.

22 **a.** Lucía es lista, mientras que Teresa es tonta. **b.** Nicolás es simpático. En cambio, Julio es antipático. **c.** María es buena, mientras que Carlos es malo. **d.** Juan es trabajador. Cecilia, en cambio, es perezosa.

23 **a.** Mis compañeros son divertidos, mientras que tus amigas son serias. **b.** Mis hijas son solidarias. Mis hijos, en cambio, son egoístas.

24
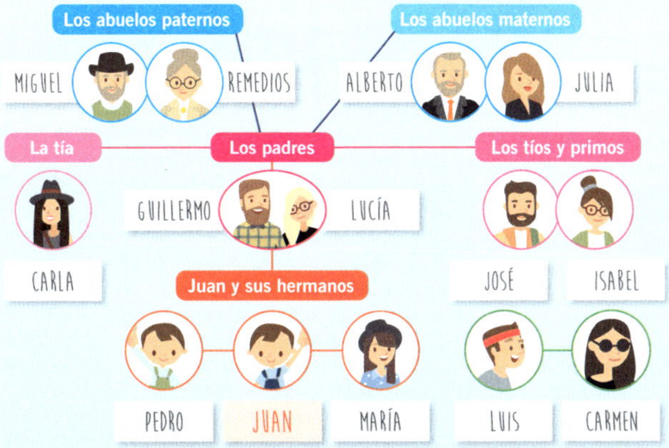

25 **a.** Mi padre se llama Antonio y mi madre se llama Mercedes. **b.** Javier es mi hermano y Alicia es mi hermanastra. **c.** Gloria es mi madrastra y Carlos es mi padrastro.

26 **a.** Las tres principales lenguas de América son el inglés, el español y el portugués. **b.** En Canadá también hablan francés. **c.** En Brasil hablan portugués.

27 **a.** América del Sur **b.** América del Sur **c.** América central **d.** América del Sur **e.** América central **f.** América del Sur

28 **a.** México **b.** Panamá **c.** Ecuador **d.** Perú **e.** Chile **f.** Argentina

29 **a.** La Habana **b.** Caracas **c.** Lima **d.** Santiago **e.** Montevideo **f.** Buenos Aires

Module 3

1 **a.** Son las once menos cuarto. **b.** Es la una en punto. **c.** Son las cinco y cuarto. **d.** Son las ocho y media.

2 **a.** Son las once menos veinte de la mañana. **b.** Son las seis menos diez de la tarde. **c.** Son las once y veinticinco de la noche. **d.** Son las ocho y diez de la mañana.

3 **a.** 00:00 **b.** 12:05 **c.** 00:30 **d.** 12:00

4 **1.** despertarse **2.** desayunar **3.** ir al colegio **4.** comer **5.** salir del colegio **6.** hacer la tarea **7.** cenar **8.** acostarse

5 **a.** Me levanto a las siete y veinticinco. **b.** Desayuno a las ocho y diez. **c.** Voy al colegio a las nueve menos cuarto. **d.** Como a la una.

6 **a.** ¿A qué hora sales del colegio? Salgo del colegio a las cinco y cuarto. **b.** ¿A qué hora haces la tarea? Hago la tarea a las seis y media. **c.** ¿A qué hora cenas? Ceno a las nueve. **d.** ¿A qué hora te acuestas? Me acuesto a las once menos veinte.

7 **a.** Yo me acuesto. Je me couche. **b.** Tú comes. Tu manges. **c.** Usted se levanta. Vous vous levez. **d.** Nosotros nos despertamos. Nous nous levons. **e.** Vosotras salís. Vous sortez. **f.** Ellos hacen. Ils font.

8 **a.** ¿A qué hora os acostáis? **b.** ¿A qué hora vais al colegio?

9 **a.** ¿A qué hora se acuesta usted? **b.** ¿A qué hora va usted al colegio?

10 hablando (hablar), viendo (ver), saliendo (salir), cenando (cenar), haciendo (hacer), leyendo (leer)

11 **a.** está cenando. **b.** estás viendo **c.** están saliendo **d.** estamos haciendo **e.** estáis hablando **f.** está leyendo

12 **a.** Mis hermanos no están jugando al fútbol. **b.** Estoy escribiendo un libro. **c.** ¿A qué estás jugando? **d.** No estamos desayunando, estamos comiendo. **e.** Mi primo está viviendo con nosotros.

13 **a.** Pablo juega al baloncesto los miércoles y los domingos. **b.** Lucía juega al fútbol los jueves. **c.** Lucía no hace deporte los lunes y los miércoles.

14 **a.** Adriana va a la piscina los lunes, los miércoles y los viernes **b.** Adriana juega al tenis los sábados. **c.** Pablo juega al fútbol los lunes, los martes y los jueves.

15 **a.** ¿Jugáis al tenis los martes? **b.** No vamos a la piscina los viernes. **c.** ¿Juegas al baloncesto el sábado?

16 **a.** Suelen leer libros en español. **b.** Suelo ver películas.

17 **a.** ¿Escuchas música a menudo? **b.** No vemos la tele a menudo.

18 **a.** duermo **b.** duermes **c.** duerme **d.** dormimos **e.** dormís **f.** duermen

19 **a.** J'ai toujours cours d'espagnol l'après-midi. **b.** Nous avons toujours des contrôles le matin. **c.** Mon père travaille toujours la nuit.

20 **a.** Nunca tengo clase de español por la tarde. **b.** No tengo nunca clase de español por la tarde. **c.** Nunca tenemos exámenes por la mañana. **d.** No tenemos nunca exámenes por la mañana. **e.** Mi padre nunca trabaja por la noche. **f.** Mi padre no trabaja nunca por la noche.

21 **a.** Los profesores descansan a veces los fines de semana. **b.** Estudio a veces mis lecciones por la noche. **c.** Los alumnos duermen a veces en clase.

22 **a.** ¿A qué hora tienes clase de matemáticas? **b.** ¿En qué curso está tu hermano? **c.** ¿En qué aula tenemos clase de español? **d.** El español es una asignatura divertida.

23

HORARIO ESCOLAR DE

ADRIANA

CURSO 2º DE LA ESO

GRUPO B

AULA 3A

HORA	LUNES	MARTES	MIÉRCOLES	JUEVES	VIERNES
8H15	Música	Inglés	Francés	Francés	Historia y Geografía
9H15	Tutoría	Matemáticas	Historia y Geografía	Física y Química	Matemáticas
10H15	Inglés	Física y Química	Educación Física	Matemáticas	Música
11H15	RECREO	RECREO	RECREO	RECREO	RECREO
11H45	Lengua	Valores éticos	Física y Química	Educación Física	Inglés
12H45	Plástica	Historia y Geografía	Tecnología	Lengua	Lengua
13H45	Tecnología	Lengua	Refuerzo	Matemáticas	Plástica

24 **a.** Tengo quince años y estoy en cuarto de la ESO. **b.** ¿Cuántos años tenéis y en qué curso estáis? **c.** Tenemos diecisiete años y estamos en segundo de Bachillerato.

25 **2 :** Insuficiente **10 :** Sobresaliente **7,5 :** Notable **6 :** Bien

26 **a.** Tengo un 5 / 10 en matemáticas: tengo un aprobado. **b.** Tengo un 4 / 10 en física: tengo un suspenso.

Module 4

1 **a.** ¿Estás en clase? **b.** ¿Eres trabajadora? **c.** ¿Eres alta? **d.** ¿Eres francesa? **e.** ¿Estás en la calle? **f.** ¿Estás en Madrid?

2 **a.** ¿Es usted profesor? **b.** Están en Inglaterra. **c.** Estamos en Estados Unidos. **d.** Es director del colegio. **e.** Mi colegio está en una calle pequeña. **f.** ¿Eres mi amigo?

3 **a.** ¿Estás en la verdulería? **b.** Sí, estoy en la verdulería. **c.** ¿Vienes de la carnicería? **d.** Sí, vengo de la carnicería. **e.** ¿Vas a la panadería? **f.** Sí, voy a la panadería.

4 **a.** ¿Estáis en la verdulería? **b.** Sí, estamos en la verdulería. **c.** ¿Venís de la carnicería? **d.** Sí, venimos de la carnicería. **e.** ¿Vais a la panadería? **f.** Sí, vamos a la panadería.

5 **a.** ¿De dónde vuelves? **b.** Vuelvo del supermercado. **c.** ¿Por dónde pasáis? **d.** Pasamos por la tienda de ultramarinos. **e.** ¿Adónde van tus padres? **f.** Van a la frutería. **g.** ¿Dónde está tu hermana? **h.** Está en la pescadería.

6 **a.** ¡Mira el pez rojo, aquí! **b.** ¡Mira la tortuga, ahí! **c.** ¡Mira el pájaro, allí!

7 **a.** ¿Ves este conejo? **b.** ¿Ves esa cabra? **c.** ¿Ves aquel pájaro?

8 **a.** ¿Ves estos gatos? **b.** ¿Ves esos perros? **c.** ¿Ves aquellas gallinas?

9 **a.** la cocina-comedor **b.** el cuarto de baño **c.** el cuarto (de los niños) **d.** el despacho **e.** el garaje **f.** el lavadero **g.** el salón **h.** el dormitorio

10

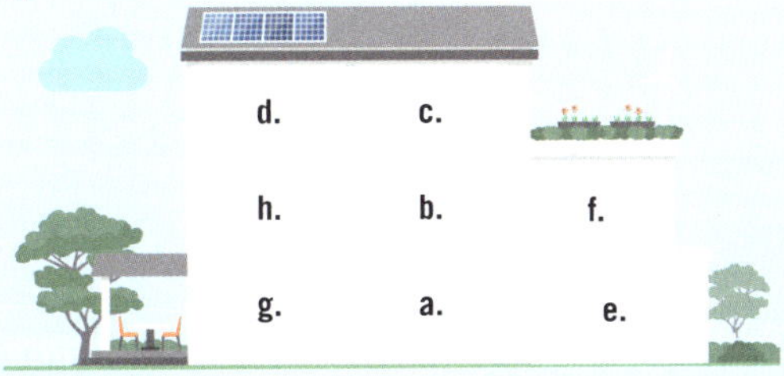

11 **a.** la puerta **b.** el sillón **c.** la cama **d.** la ventana **e.** la mesa y la silla **f.** el coche **g.** la casa **h.** el techo

12 **a.** El gato está detrás de la puerta. **b.** El gato está delante del sillón. **c.** El gato está debajo de la cama. **d.** El gato está al lado de la ventana. **e.** El gato está entre la silla y la mesa. **f.** El gato está dentro del coche. **g.** El gato está fuera de la casa. **h.** El gato está encima del techo.

13 **a.** ¿Qué día es hoy? **b.** Hoy es nueve de enero. **c.** ¿A qué día estamos hoy? **d.** Hoy estamos a trece de mayo. **e.** ¿Qué día es hoy? **f.** Hoy es veintiuno de agosto. **g.** ¿A qué día estamos hoy? **h.** Hoy estamos a veintinueve de diciembre.

14 **a.** En Argentina, el catorce de julio es invierno. **b.** En México, el dos de junio es verano. **c.** En Chile, el veintitrés de marzo es otoño. **d.** En Cuba, el tres de abril es primavera.

15 **a.** Treinta y tres más sesenta y uno son noventa y cuatro. **b.** Ochenta y nueve menos cincuenta y uno son treinta y ocho. **c.** Seis por doce son setenta y dos. **d.** Setenta y seis entre dos son treinta y ocho.

16 **a.** seiscientos diecinueve. **b.** cuatrocientos ochenta y siete **c.** setecientos noventa y dos **d.** seiscientos veintiuno **e.** trescientos ochenta y tres **f.** setecientos sesenta y siete **g.** ciento diez **h.** seiscientos setenta **i.** ochocientos setenta **j.** doscientos treinta y dos **k.** ciento uno **l.** cuatrocientos cuarenta **m.** quinientos cincuenta y cinco.

17 **a.** Nací el veinticinco de febrero de mil seiscientos veinticinco **b.** Nací el once de noviembre de dos mil seis. **c.** Nací el trece de septiembre de tres mil quinientos setenta y nueve.

18 Para ir de Sevilla a Embajadores, hay que tomar la línea roja, cambiar en Sol y luego tomar la línea amarilla hasta Embajadores.

19 Para ir de Chueca a Lavapiés, hay que tomar la línea verde, cambiar en Callao y luego tomar la línea amarilla hasta Lavapiés.

20 Para ir de Atocha a San Bernardo, tengo que tomar la línea azul, cambiar en Bilbao y luego tomar la línea marrón hasta San Bernardo. (ou Para ir de Atocha a San Bernardo, tengo que tomar la línea azul, cambiar en Sol y luego tomar la línea roja hasta San Bernardo.)

21

22 **a.** Tienes que tomar primero la calle Veedor.
b. Luego hay que tomar la cuarta a la izquierda.
c. Sigue recto hasta la Plaza Manuel de Falla.
d. Cruza la plaza y ve hasta la calle Pérez Galdós.
e. Y por fin tienes que tomar la calle San Rafael, seguir recto y girar por la cuarta a la derecha: es ahí.

23 - Perdón, ¿cómo se va a la plaza San Antonio, por favor?
- Tienes que tomar la primera a la izquierda, la calle Torre, y seguir recto.
Luego hay que cruzar la calle Cervantes y seguir recto hasta la Plaza de San Antonio.
- Muchas gracias.

24 24 de diciembre : Nochebuena / 25 de diciembre : Navidad / 31 de diciembre : Nochevieja / 6 de enero : Día de Reyes

25 **a.** feliz año nuevo **b.** Magos / Melchor, Gaspar y Baltasar **c.** Inocentes

Module 5

1 **a.** Les gustan los fines de semana. **b.** Os gusta Navidad **c.** Quieres a tus hermanos. **d.** Nos gustan las ciudades pequeñas. **e.** Quiero a mis padres. **f.** Quiere a su abuela.

2 **a.** A María le encantan los tomates y le gustan las manzanas, pero no le gusta el coco y le horroriza el pimiento. **b.** A los niños les encanta el plátano y les gustan las cerezas, pero no les gustan las judías verdes y les horroriza la coliflor. **c.** A mí me encantan las patatas y me gustan las uvas, pero no me gusta la lechuga y me horrorizan las naranjas. **d.** A nosotros nos encantan las zanahorias y nos gusta el limón, pero no nos gusta la alcachofa y nos horrorizan las peras. **e.** A ti te encantan las cebollas y te gustan los puerros, pero no te gusta el albaricoque y te horroriza el melocotón.

3 **a.** ¿A usted le gustan los gatos? **b.** ¿A usted le gusta el cine? **c.** A usted le encanta Madrid. **d.** A usted le horroriza el metro.

4 **a.** ¿Os gustan las matemáticas? **b.** ¿Os gusta mi cuarto? **c.** Os encantan los perros. **d.** Os horroriza la música.

5 **a.** enamorado **b.** contento **c.** cansado **d.** sorprendido **e.** enfermo **f.** preocupado **g.** furioso **h.** pensativo

6 Je lui envoie des lettres écrites sur différentes couleurs de papier, selon mon état d'âme. Parfois, quand je suis joyeuse, sur un papier rose. Quand je suis jalouse, sur un papier jaune. Quand je suis triste, sur un papier violet, un violet si joli que parfois je souhaite être triste.

7 **a.** Cuando estoy cansado, escribo en un papel marrón. **b.** Cuando estoy sorprendida, escribo en un papel naranja. **c.** Cuando estoy enamorado, escribo en un papel rojo. **d.** Cuando estoy contenta, escribo en un papel verde.

8 **a.** ¿Por qué escribes en un papel blanco? **b.** Porque estoy pensativa. **c.** ¿Por qué escribes en un papel amarillo? **d.** Porque estoy preocupado. **e.** ¿Por qué escribes en un papel azul? **f.** Porque estoy enfermo. **g.** ¿Por qué escribes en un papel negro? **h.** Porque estoy furiosa.

9 **a.** hay que beber muchísima agua, muchísimos zumos de fruta y muchísimo té. **b.** tienes que comer mucha pasta, muchas legumbres, mucho pan y mucho arroz.

10 **a.** tienes que tomar poca carne, poco pescado, pocos huevos y poco pollo. **b.** hay que tomar poquísima mantequilla, poquísimo azúcar, poquísimas gaseosas, poquísimos helados y poquísimos chuches.

11 **a.** Señora López, toma usted, demasiado queso y demasiada leche. **b.** Y no come usted bastante pan, bastantes legumbres y bastante pollo.

12 **a.** Señor García, come usted demasiada mantequilla, demasiados helados y demasiada carne. **b.** Y no toma bastante fruta y bastante agua.

13 **a.** ¿A alguien le gustan los plátanos? / Quelqu'un aime les bananes? **b.** ¿Deseas cenar algo? / Tu souhaites dîner quelque chose ? **c.** ¿Tienes algo para mí? / Tu as quelque chose pour moi ? **d.** Hay que hacer algo. / Il faut faire quelque chose.

14 **a.** Nadie me quiere. / Personne ne m'aime. **b.** No quiero a nadie / Je n'aime personne. **c.** A nadie le gustan los exámenes. / Personne n'aime les contrôles. **d.** Pedro no hace nada. / Pedro ne fait rien.

15 **a.** la deportiva **b.** el chándal **c.** la camiseta **d.** el cinturón **e.** el vestido

16 **a.** ¿Qué me pongo, una falda o una camiseta? **b.** Siempre llevo deportivas. **c.** ¿Por qué no te pones un cinturón? **d.** No me gusta llevar un chándal cuando voy a clase.

17 **a.** ¿Cuánto cuesta esta gorra? **b.** Cuesta diecinueve euros con noventa. **c.** ¿Cuánto cuesta esta camisa? **d.** Cuesta veintinueve euros con sesenta. **e.** ¿Cuánto cuestan estos calcetines? **f.** Cuestan trece euros con ochenta. **g.** ¿Cuánto cuestan estos zapatos? **h.** Cuestan sesenta y tres euros. **i.** ¿Cuánto cuesta este jersey? **j.** Cuesta ochenta y ocho euros con cincuenta.

18 **a.** A mis profesores los vaqueros les quedan fatal. **b.** A mi abuela los pantalones le quedan mal. **c.** A mí las faldas me quedan fenomenal. **d.** A ti las gorras te quedan regular. **e.** A nosotros las sudaderas nos quedan bien.

19 **a.** ¿Tienes ganas de ir a un concierto conmigo? **b.** ¿Te apetece ir a un concierto conmigo? **c.** ¿Queréis ir de vacaciones a España? **d.** ¿Os apetece ir de vacaciones a España? **e.** ¿Quiere usted tocar la guitarra, señora? **f.** ¿Tiene usted ganas de tocar la guitarra, señora?

20 **a.** Sí, por supuesto. Me encanta comprar ropa. **b.** Gracias, pero prefiero visitar un museo. **c.** ¡Claro que sí! ¿El negro o el azul? **d.** Lo siento, no puedo. Solo tengo uno y lo estoy utilizando. **e.** ¡Sí, qué buena idea! Tengo muchísima sed. **f.** No, gracias, prefiero un zumo de naranja.

21 formes correctes : **a.** escribamos **b.** mandes **c.** lea **d.** visiten **e.** habléis

22 **a.** ¿Quieres que pasemos por la calle Mayor? **b.** Tu mujer no quiere que bebas. **c.** Quiero que mis amigos jueguen al fútbol conmigo. **d.** Deseamos que el libro os guste.

23 **a.** lea más. **b.** tenga buenas notas. **c.** haga la tarea antes de jugar. **d.** no vea tanto la tele. **e.** no salga tanto con los amigos.

24 **a.** La abuela nos pide que pensemos mucho en ella. **b.** Deseamos que tus padres estén muy bien. **c.** Os pido que seáis buenos con el perro. **d.** Mi padre no quiere que juegue al baloncesto. **e.** No me gusta que duermas en el sillón.

P	A	S	E	Á	I	S
E	S	C	R	I	N	P
N	O	L	U	N	T	E
S	J	Y	P	O	D	N
D	U	E	R	M	A	S
E	E	N	T	R	O	E
C	G	A	T	O	L	M
I	U	I	H	I	J	O
R	E	S	T	É	N	S

25 **a.** Te pido que te acuestes antes de la diez de la noche. **b.** Me piden que vaya a la panadería. **c.** Te pedimos que no salgas por la noche. **d.** ¿Por qué me decís que no me ponga la falda azul? **e.** ¿Por qué les dices que tomen a la derecha?

26 bouillir : hervir ; décorer : adornar ; en neige : a punto de nieve ; gaufrette : barquillo ; mélanger : mezclar ; refroidir : enfriar ; saupoudrer: espolvorear ; un bâton : un palo ; un blanc d'œuf : una clara ; un zeste: una cáscara

27 **a.** Las temperaturas son superiores a treinta grados en el Norte. F **b.** Nieva en Galicia. F **c.** El cielo está despejado en el Sur. V **d.** El cielo está cubierto en Cataluña. F **e.** El cielo está nuboso en el País Vasco. F **f.** Hace mucho calor en Andalucía. V **g.** Sopla viento de Oeste en Galicia. V **h.** Sopla viento de Este en las Baleares. V **i.** Hace frío en las Canarias. F

28 Hoy 25 de diciembre hace frío en todo el país, con temperaturas inferiores a cero en Cáceres y en Granada.
Las temperaturas son superiores a diez grados únicamente en Sevilla y por supuesto en las Canarias, que tienen la máxima con diecinueve grados.
Nieva en Madrid y en Granada y soplan fuertes vientos en el norte y en el oeste de Andalucía.
El cielo está nublado en el País Vasco y en Cataluña y cubierto en Galicia.

Bravo, tu es venu à bout de ce cahier ! Il est temps à présent de faire le point sur tes compétences et de comptabiliser les icônes afin de procéder à l'évaluation finale. Reporte le sous-total de chaque chapitre dans les cases ci-dessous puis additionne-les afin d'obtenir le nombre final d'icônes dans chaque couleur et découvre tes résultats !

	🙂	😐	☹️
Module 0			
Module 1			
Module 2			
Module 3			
Module 4			
Module 5			
Total, tous modules confondus			

Tu as obtenu une majorité de...

🙂 **¡Fenomenal! Super !**
Tu t'en es très bien sorti, continue comme ça !

😐 **¡No está mal!**
Ce n'est pas mal !
Mais tu peux progresser en refaisant les exercices où tu as fait des erreurs.

☹️ **¡Ánimo! Courage !**
Reprends l'ensemble de l'ouvrage en relisant bien les leçons avant de refaire les exercices.

CRÉDITS ICONOGRAPHIQUES

Couverture : Anne-Sophie Peyer - **Intérieur** : DR : 19, 24, 27, 28, 29, 50, 113, 119. FOTOLIA : marius1987 : 24 (drapeaux), 27 ; Par patrylamantia : 104 (casquette), 103, 104 ; Shri : 8hd. SHUTTERSTOCK : 6gasix : 96 ; Aleutie : 89b ; alexutemov : 74, 108 ; Alfonso Tomas : 32, 119 ; Aliaksei_7799 : 1 ; ankomando : 4, 5, 66 ; Anna Frajtova : 99 (thé) ; Anna Violet : 55g ; Annasunny24 : 44-45 ; Anthony Krikorian : 105hg ; Antikwar : 6b ; arbit : 99, 100 (poulet) ; AridOcean : 112 ; Artisticco : 94, 99 (fruits) ; Artsholic : 58hg, 94 (sacs) ; avian : 15, 26mg, 72 ; AVS-Images : 55 ; Ayami Kitabayashi Garcia : 104 (sweat) ; AzLa : 69 ; Beresnev : 99 (rôti), 100 (viande) ; bioraven : 99 (pain), 100 (pain) ; Blablo101 : 97g, 98 ; BlueRingMedia : 37hg, 99 (beurre), 100 ; Chernoskutov Mikhail : 17 ; Colorlife : 105hd ; Darth_Vector : 30 ; Delices : 79mg ; Dooder : 33 ; elenabsl : 77, 78, 123g ; Ellegant : 102b ; fayska : 67, 122 ; feelplus : 21b ; Filip Bjorkman : 72 ; Fotinia : 79hmg ; Gaia Vetiveria : 104md ; GoodVector : 10bd, 99 (pâtes) ; gst : 99 (lait), 100 (lait) ; Gurza : 103m ; happymay : 104 (chaussettes) ; Iconic Bestiary : 57bg, 63 ; Incomible : 7, 60, 62b, 69md ; inithings : 7d, 67b ; Ivan_Nikulin : 84d ; jesadaphorn : 13, 15m, 36, 89, 95 ; jkcDesign : 91 ; johavel : 61md ; K N : 75, 76b ; kaa67alex : 61mg ; Kachalova Kseniia : 40, 84hg ; Kanate : 61g ; karawan : 90 ; Kavoon : 80, 89m ; Kseniia Voropaeva : 15hg ; Lana_Samcorp : 75hg ; LanaN : 77bd ; Laralova : 99 (sucre) ; leosapiens : 99 (soda) ; Leszek Glasner : 99 (œuf) ; lian_2011 : 79hd ; Lilanakani : 8mh ; Lindwa : 62h ; Lorelyn Medina : 75 ; Lucky Team Studio : 8bm ; Lyudmyla Kharlamova : 42g ; Lyudmyla Kharlamova : 110 ; Macrovector : 8bd, 27 (personnes), 36, 40hg, 41hg, 57hg, 58b, 71, 73, 79hmd ; MakaCz : 99 (jus) ; MANGA MEDIA : 61b ; Maria Starus : 105bg ; martijn poons : 9 ; Mascha Tace : 76 ; mayrum : 84 ; Millena : 79bd ; Minur : 99bg ; MSSA : 24m, 53, 76, 84b ; Mushakesa : 94 ; mything : 94m, 99, 100bd ; Natalia Aggiato : 3, 5 ; Netta07 : 99 (riz) ; NGvozdeva : 34 ; NokHoOkNoi : 79gb ; Nong Amory : 99m ; NotionPic : 10hg, 99 (poisson), 109b ; Oceans : 7d, 58d ; Olga1818 : 6, 11, 14, 15, 16, 17, 20, 22, 23, 24, 28, 29, 33db, 35, 36, 37, 38, 39, 45, 47, 48, 49, 52, 57, 69, 75, 76, 77, 87, 88, 105md, 119, 120 ; olillia : 79d ; Osiv : 79gh ; Padma Sanjaya : 70 ; pink pig : 114 ; Pretty Vectors : 12, 64 ; Rainer Lesniewski : 31 ; Romashechka : 102h ; Rudie Strummer : 42b ; sahua d : 99 (fromage), 100 (camembert) ; Sashatigar : 43 ; Sentavio : 19m, 42h, 82h, 109h ; skyclick : 61, 65 ; SlyBrowney : 57db ; Smart Design : 41b ; SofiaV : 94 ; solgas : 83 ; Spreadthesign : 81, 99 (féculent), 100 (féculent) ; Stocklifemax : 14, 56, 14bd ; Sudowoodo : 93 ; Svetlana Kononova : 18 ; Tomacco : 79db ; Treetops Interactive : 75hm ; venimo : 76 ; VikiVector : 86 ; vivasis : 97h ; vladmark : 61d ; Volha Shaukavets : 99 (glace), 100 (glace) ; WindAwake : 14hg, 57hg ; wongstock : NP : 54-55 ; Yurchenko Yulia : 82b ; Yuzach : 99 ; Zubada : 47d ; zzveillust : 79md. VECTEEZY : 36, 37.

Mise en pages : Élodie Bourgeois pour Lunedit
Réalisation : Lunedit

Dépôt légal : avril 2018
N° d'édition : 4351 - août 2024
ISBN : 978-2-7005-8169-0
www.assimil.com
Imprimé en Roumanie par Master Print